インクルーシブ
セラピー
INCLUSIVE THERAPY

敬意に満ちた態度でクライエントの
抵抗を解消する26の方法

ビル・オハンロン 著

宮田敬一 監訳
菊池悌一郎・青木みのり 訳

二瓶社

A guide to inclusive therapy:
26 methods of respectful, resistance-dissolving therapy.
by Bill O'Hanlon
Copyright © 2003 by Bill O'Hanlon
Japanese translation rights arranged with O'Hanlon and O'Hanlon, Inc.
through Japan UNI Agency, Inc., Tokyo.

目　次

序　章 ……………………………………………………………………… 5
第1章　インクルーシブセラピーの3つの基礎的方法 …………… 25
　　許可法 ………………………………………………………………… 28
　　　1.1　許可を与える ………………………………………………… 29
　　　1.2　しなくてもよいという許可を与える ……………………… 33
　　セオリー・ブレーク：命令 ………………………………………… 37
　　　1.3　一度に両方の許可を与える ………………………………… 39
　　　1.4　ノーマライズする …………………………………………… 42
　　陰陽法 ………………………………………………………………… 44
　　　1.5　正反対あるいは矛盾した感情を包含する ………………… 45
　　　1.6　自己や他者の正反対あるいは矛盾した側面を包含する … 47
　　　1.7　付加疑問文を用いる ………………………………………… 50
　　セオリー・ブレーク：「そして」の重要性 ………………………… 53
　　　1.8　矛盾話法や反対語の並置を用いる ………………………… 55
　　　1.9　「抵抗」を認める …………………………………………… 59
　　　1.10　「抵抗」や問題を含める …………………………………… 61
　　別の可能性を含める方法 …………………………………………… 65
　　　1.11　正反対の可能性を包含し認める …………………………… 66
　　セオリー・ブレーク：私たちの知識の限界 ……………………… 69
　　　1.12　逆説的な努力を用いる ……………………………………… 72

第2章　関心と変化 …………………………………………………… 79
　　　2.1　過去時制で認める …………………………………………… 81
　　　2.2　全体的ではなく部分的な反応で認める …………………… 84
　　　2.3　現実や真実の申し立てを知覚に変えて認める …………… 87
　　セオリー・ブレーク：3Dモデルとインクルーシブセルフ …… 90
　　　2.4　問題を望みに換えて応答する ……………………………… 97

2.5　変化への期待や可能性を加えながら認める ……………………… 100

第3章　スピリチュアリティとインクルーシブセルフ ………… 105
　3.1　身体とつながる …………………………………………………… 107
　3.2　より深い自己、魂、スピリットとつながる …………………… 110
　3.3　他の存在とつながる ……………………………………………… 113
　セオリー・ブレーク：つながりによってスピリチュアリティに至る
　7つの道 ………………………………………………………………… 116
　3.4　グループやコミュニティとつながる …………………………… 120
　3.5　自然とつながる …………………………………………………… 122
　3.6　芸術を通してつながる …………………………………………… 124
　3.7　神、宇宙、より高次元の力などの超越的存在とつながる ……… 126

第4章　頑固者：包括性（インクルージョン）を内的・外的葛藤を扱うために利用する …………………………………………… 131
　4.1　自己への思いやりを引き出す …………………………………… 136
　4.2　他者への思いやりを引き出す …………………………………… 138

第5章　インクルーシブセラピスト、いや失礼、私のカルマ（業）があなたのドグマ（教義）を轢いてしまったのです　143

第6章　別の可能性：結語 ……………………………………………… 149

監訳者あとがき ………………………………………………………………… 151

序　章

　数年前、サンディ・ビードルと私は「可能性療法」という本を書きました。もともとは CD-ROM にするつもりでしたが、結局は本になりました。サンディは、アイディアを覚えやすく学びやすくする方法を研究していました。そしてその本は、思いがけなく好評を博しました。面白くわかりやすく書かれ、読者が要点を覚えるのを助ける風変わりなイラストが添えられました。この形式をつくってくれたサンディには、本当に感謝しています。今回は私が自分なりにやってみたので、この本の中で読者がもし何か不首尾を見つけたとしても、それはサンディの責任ではないということを申し添えます。

　この本は、インクルーシブセラピーの原理と方法論について私が書ける最も短い入門書であり概要です。私はこの方法にやりがいを感じていますし、これは様々な理論的基盤をもつ多くのセラピストによって用いられるものだと思います。そこで私はできるだけ早く、これを著作として送りだしたいと思いました。そしてまた、できるだけアプローチしやすく作り上げたかったのです。というのも、忙しいセラピストたちは長編の大きな本よりも、より短く小ぶりの本や章立てのものを読むのを好むであろうからです。

　この本の最初のタイトルは、「雑草なんてない：インクルーシブセラピーの小冊子」でした（この「雑草」のアイディアは英国のグループ、ザ・ムーブの曲から借りたものです）。しかし私は現在のタイトルの方を選びました。しかしながら以前のタイトルは、この本の基本を表わしたものでした。それはすなわち、私たちセラピストやクライエントがセラピーの成功を妨げる厄介ものもしくは抵抗と通常は考えているものの価値に気づ

く、ということです。アメリカの古典的な禅の本「*Zen Mind, Beginner's Mind*（邦題：禅へのいざない）」からの引用は、インクルーシブの精神をよく捉えています。

「多くの人々にとってなんの価値のない雑草も、禅を学ぶ者にとっては宝物である。この態度をもって何事も行なえば、人生はひとつの芸術となる」

この著者・鈴木俊隆老師にならい、私は次のように提案します。セラピーにおける葛藤、両価性、抵抗、そして様々な「雑草」に対処するこのインクルーシブな態度は、ひとつの芸術となりえるのです。

私は世界中の数千人のセラピストに、このアプローチを教えてきました。多くの臨床家が、彼らの最も挑発的なクライエントへの援助に、このアプローチが有効であることを知らせてくれました。それらのクライエントは、他のアプローチには無反応であったり抵抗したりする人たちでした。このセラピーの形態は特に、「境界性人格障害」と診断された人々に対して有用です。境界性人格障害は、押したり引いたりといった反応によって特徴づけられるようです。すなわち、「あなたは私を助けることができない——どうか私を救ってください。あなたをどこかに押しやってしまいたい——どうか私のことをあきらめないでください」といった反応です。インクルーシブセラピーは、この両価的で一見矛盾して見えるコミュニケーションに対して反応するので、境界性のクライエントにぴったりなのです。

インクルーシブセラピーの兆し

私は幼い頃、まじめで思慮深いカトリック信者の少年でした。しかし10代になった頃、私の信仰心にひびが入り始めました。このひび割れは信仰心

の一部分に起こったのですが、それは学校の子どもたちに一般的に読まれているローマ・カトリックの教義のテキスト「ボルチモア教義問答書」を勉強していたからです。そのテキストには、神の性質についての記述があり、神は遍在するとされていました。神の遍在、それは神様はどこにでもおられるということです。私はこのことをよく考えました。そして自分では解決できない逆説を思いついたのです。もし神様がどこにでもおられるのならば、神様は悪魔にもおられなければならない。もし神様が悪魔にもおられるならば、神様はまた悪魔でなければならない。これについてどう考えればいいのでしょうか？ しかし私が宗教の先生に尋ねたとき、彼女はこう言いました。「私たちはそんな疑問を持ったりしません」。少なくとも彼女にとっては、それだけのことだったのです。しかし私にとっては、ローマ・カトリックの信仰体系の論理にひび割れを見出すことになりました。後年、ヘルマン・ヘッセを読んだ時、アブラクサス（訳注：ヘッセの『デーミアン』に出てくる神霊の名）の概念に行き当たりました。アブラクサスは二つの性質をもった神です。もちろん、ローマ人にはヤヌスという二つの顔をもつ神がいました。ヒンズー教徒はカーリー神を信じており、それは創造と破壊を同時に行なう神です。時間が経つにつれて、多くの文化が神の複雑な性質を論じていることを、私は知りました。インクルーシブセラピーの種子は、宗教的な疑問を抱いた10代の頃にまかれていたのです。

（カトリックの人々から山のような手紙と電子メールをもらう前に、急いで付け加えておきますが、慈悲深いイエズス会士が私の疑問への回答を、わかり易いカトリック教義の表現で教えていただければと思います。深遠なるローマ・カトリックの教義に、神や人生についての正反対のものや複雑な性質について書かれていないはずがありませんから）

何年か後に、このアプローチがどのように初めて具体化したかを、お話ししましょう。

私はいかにしてインクルーシブセラピーを発見したのか

私はアベルという名前の男性を治療していました。彼は重度の強迫性障害をもっていました。アベルは私に、多くの侵入的な強迫観念について話しました。彼は、自分は絶えず強迫的であると言いました。ある強迫がどこかに行っても、別のものがすぐに現われるというのです。彼が言うには、その症状は目が覚めてから眠るまでいつもあるということでした。

アベルは私のところに、友人から紹介されてきました。彼の友人は私のクライエントで、催眠を使った援助が役立ったようでした。アベルはとても強迫的で緊張していたので、催眠が自分によい結果をもたらすとは信じていませんでした。しかし彼が他のあらゆる技法を試みてきたことを聞いた後、私は催眠を試みることを提案しました。最初のセッションで少し催眠を行ないましたが、アベルはとても不快そうで、催眠の間彼は動き回ったり顔の筋肉を緊張させたりしていました。彼は初めての体験によい印象をもたなかったのです。しかし次のセッションでもう一度試みる気になってくれました。私は彼に、私たちが次のセッションではもっと時間をかけることを保証し、長時間のトランスはより良い結果をもたらすと示唆したのです。

2回目のとき、私はアベルに40分の催眠のセッションを施行しました。約15分のトランスの間、アベルの症状はなくなり、その後の約2時間も症状のない状態が続きました。彼は催眠が自分に良い結果をもたらすとはまだ

確信しませんでしたし、自分がトランスに入っていたとは信じませんでしたが、何かが助けてくれたと印象付けられ、喜んでいました。彼はそれまで多くのセラピーを試してきましたが、まったく効果がなかったのです。この2時間の症状の除去は、ある程度の期待をいだかせるものでした。

　3回目のセッションで、私は再び催眠を用いてセッションを始めました。

ビル：このトランスの間、目は開けたままでも閉じてもいいですよ。

　アベルは、いつものように目を閉じました。

ビル：あなたは、トランスに入ることができないだろうと思うかもしれません。そう思ってくださってもけっこうです。トランスは役に立たないだろうと思うかもしれません。そう思ってくださってもけっこうです。症状のひとつであなたは気が散るかもしれません。それはあごや首の緊張かもしれません。緊張しすぎてトランスに入れないと思うかもしれませんが大丈夫です。緊張していてもトランスに入れますし、しだいにリラックスするかもしれません。トランスに入るためにはリラックスしなければならない、ということはありません。あなたは強迫的であるかもしれません。あなたが感じていることをそのまま感じてください。考えていることをそのまま考えてください。体験していることをそのまま体験してください。考えていないことを考えないでください。体験していないことを体験しないでください。また感じていないことを感じないでください。そうすれば、トランスに入り続けることができるのです。

　　この時点で、アベルは目をパッと見開きました。

アベル：そうなんです、それをもっとお願いします。それで、この前私は救われたのです。

ビル：もっとトランスをするということですか？

アベル：（イライラした様子で）いやいや、自分がトランスに入るなんて考えられないし、催眠が役立つとも思っていません。でもあなたが今していることは、確かに私が必要としていることなんです。それが、この前私を助けたんです。それをもっとやってください。

ビル：どういう意味ですか？

アベル：今のあなたの話し方ですよ。それに救われるんです。あなたがそうやって話しているとき、ほんの短い間ですが、私は間違っていないと、なぜか思えるんです。私の生活の中で、私は間違っていないと思える唯一の時なのです。この感じを、長い間求めてたんです。だから、催眠を省いても、そのように言うことは続けてください。それが私に必要なんですから。

　この時何かが具体化し始めました。私がアベルとしたことは、多くの人たちとやってきたことです。その人たちの内的な体験では、アベルと同じように、自分のしていることはどこかが（もしくは全てが）どういうわけか間違っているのです。彼らの体験のすべてを認め、含めるのはとても力強い介入です。

　私は最初、精神科医ミルトン・エリクソンの催眠のやり方から、インクルーシブなアプローチを学びました。エリクソンは、人々が状態を変えるという体験を援助するために、厳格というよりも非常に許容的なアプローチをとりました。催眠を求める人は、しばしば催眠について奇妙で限定的な考えをもっていました。すなわち、催眠とはこ

ういうものだとか、催眠の間にはこういうことが起こるとか、トランスに入るには何が必要か、などといったことです。そのほか、トランスに入るにはリラックスしていなくてはならないとか、人の声や周囲の物音が聞こえなくなるとか、完全に意識を失うなどと信じている人たちもいました。

　もちろん、どれもトランス体験の本質ではありません。しかし多くの人たちは催眠をこのように狭い範囲で定義し、「しなければならない」とか「できない」といった言葉で拘束しているのです。催眠者のすべきことは、人々の活動を広げ、圧力を弱めることです。そうすればクライエントは、そういった体験をする必要はないし、そうしなければならないという意識なしでそういった体験ができるのです。

　そこで、私はこう言います。

「あなたはリラックスせねばならないわけではないし、リラックスすることもできます。あなたは私の言うことを全て聞くことも聞こえることもできますし、そうしなければならないわけでもありません。あなたは私の言うことを覚えているかもしれないし、覚えていないかもしれません。あなたはこのことについて、何も信じなくていいのです」

　私は、その「しなければならない」という必要性と「できない」という不可能性にとらわれている人々を解放し始めたところです。彼らが自分自身にかけている圧力を取り除くのです。これは、彼らの体験の全てを尊重し認めることによってなしとげられます。その体験がたとえ彼らがその時そうせねばならないと考えていることと正反対であってもです。彼らは「リラックスする必要がある。あごが緊張してるな」などと考えているかもしれません。

これに対して私が最初にすることは、その緊張を尊重し、その時彼らが緊張していることを尊重するのです。二番目に行なうことは、その緊張が存在しないという可能性を示すことです。私はこのように言います。

「あなたは、あごの緊張に気づくことができます。あなたは、あごや首や咽喉を緊張させていていいですし、緊張させなければならないということもありません。あなたはリラックスしてもよいのです。しかし、リラックスしなければならないということではありません。リラックスしていなくても、あなたはトランスに入ることができます」

アベルとの体験の後、私はエリクソン流の催眠を行なってきた年月で学んだことに気づきました。私はエリクソン以上に許容と包含（インクルージョン）を行なうようになっていて、もはや催眠やトランスを必要とせずにできる方法を発展させていたのです。

私はこの方法を、インクルージョンとかインクルーシブセラピーと呼び始めたのです。

ポジティブ思考の無力さ

1980年代の中頃、私は「解決をベースにしたセラピー」の発展に携わっていました。私は自分のバージョンを「解決志向（solution-oriented）」と呼びました。私はエリクソンに触発されていましたが、彼には解決できない問題などほとんどありませんでした。エリクソンは一見手に負えないような病理の中から、クライエントの強さや能力を引き出すことができました。私は、そのアプローチについての本や論文をたくさん書くようになりました。しかし何かが私を不安にし始めたの

です。時々人々は私の教えているワークショップの休憩時間に来て言うのです。「私はあなたのポジティブなアプローチが大好きなんです」。このことは私を非常に悩ませました。このアプローチの本質を見落としているのではないかと感じたからです。1990年代の初めまで、私は悩んでいました。多くのセラピストがこのアプローチを根本的に誤解して、「安っぽい」バージョン、つまり単純なポジティブ思考と問題の単なる否定ととらえていたからです。

　この懸念を公に話すようになった頃、デイビッド・ナイランドというセラピストが、あるワークショップの休憩の間にやってきました。デイビッドは、彼のクリニックの臨床家たちが解決志向（solution-focused）アプローチへ変更した後、同じ問題に気づき始めたと話しました。彼らは、ワン・ウェイ・ミラーから、同僚のセラピストがクライエントを相手に、解決に焦点を合わせたり解決トークをさせるのを観察しました。彼らが観察したクライエントの多くはそれについていき、恩恵を得ているようでした。しかし何人かのクライエントはこの技法にイライラしていましたし、セッションが進むにつれて離れていったのでした。しかしセラピストは、何が役に立ったかとか何が上手くいったかなどと尋ね続けることによって、クライエントを憤慨させたり不快にさせたりしていることに対して、無頓着なようでした。デイビッドたちはこの現象を「解決強制」と名付けていました。私はおもしろいと思い、この考えをどこかの専門誌に発表するよう提案したのでした（彼は後日そうしました）。

　「本当に何とかできないでしょうか？」とデイビッドは尋ねてきました。

　私はこう言いました。私は、解決に焦点化することから離れつつあり、インクルージョンについてより多く話しています。私がやってきたことは、カー

ル・ロジャースとエリクソンのアプローチから出てきた突然変異の子どものようなものです。それは、人々を変化に導いたり新しい可能性を認める一方で、彼らの体験を承認し認めることなのです。

　ポジティブ思考とは、「毎日すべての面で、物事はだんだんよくなっていく」と自分自身に言い聞かせるようなものです。物事はもっと複雑です。世界を見渡した時、暴力や人種差別、性差別や多種多様な不平等があります。物事はもっと複雑で入り交じったものだと考えざるをえません（いくつかの物事はだんだん良くなり、いくつかの物事はだんだん悪くなり、いくつかの物事は以前と同じままなのです）。私のクライエントたちを見てもこれが真実なのです。家族療法家のケン・ハーディはこのことをうまく表現しています。

「人生や生活は、ここかあそこかでもなく、黒か白かでもない折衷案の複雑で混乱したもつれである。私は、セラピストが家族の情緒的な行き詰まりを終わらせる正確な介入法を知っていることが重要であると信じるようになった。それは、どちらか一方、もしくは善か悪か、被害者か加害者か、中絶賛成か中絶反対かといった二極的な思考、私たちのアイデンティティや文化を形成している二分法に基づく無数の考え方に引き込まれることに抵抗することなのである」

　ポジティブ思考は、肥料の山の上に金箔をはったようなものです。ある程度の距離から見ると見栄えがいいのですが、もしあなたがそれに指を突っ込んだら、たちまち肥料が破れて出てくることでしょう。

　もちろんネガティブ思考も、それに代わるものではありません。ネガティブに考えるということは、人生は肥料の山にすぎないという考えに身を任せることなのです。暴力や残酷さ、不公平さは、時間と同様に古くからある

ものだと、人は思うかもしれません。遺伝的、生化学的な障害は多くあり、人々の人生を決定づけています。人々は子ども時代に虐待され、傷つけられています。人々は変化に抵抗します。それがまさに、ネガティブ思考の人たちが結論を下すやり方なのです。私の大学院時代の教授の一人がこういったことがあります。「変化を望んでいる唯一の人間は、オムツをぬらした赤ん坊だ！」。私は、彼が間違っていることを知っていました。私はその時すでにカウンセラー助手として働いており、単に変りたいと思うだけでなく実際に変化した多くの人たちを見ていたからです。また友人やセラピストたちの最善の努力にもかかわらず、変化しない人たちがいることも知っていました。また、変化することに対して両価的な人たちもいました。彼らは変化することへの恐れをいだいていました。

　私はかつて、自殺しなければならないと語るクライエントを担当しました。私はもちろん深刻に受け止めましたが、心の裏側ではこのように考えていました。

「私はあなたを信じていない。もしあなたが自分の人生を終わらせようとするならば、家でそうすればいいでしょう。あなたが家を出て、私のところにやってきてこう話しているという事実は、あなたの一部分が、死のうとするのではなく生きたいと思っていることを意味している」

　ゴールデン・ゲート・ブリッジからの飛び降り自殺を図って生き延びた人々の面接について聞いたことがあります。飛び降りた人々の多くは死にました。しかし偶然にも生き延びた人が、数年の間に何人かいたのです。何人かの研

究者たちが、彼らを調査する許可を得ました。その研究者たちは、自殺からの生還者たちが報告した「あること」以外は、共通する要因を見つけることはできませんでした。それは、飛び降りる時に、その人たちの考えの中に「うーん、これはあまり良い考えではなかったかもしれない」というほんの少しの変化が起こったのです。私は、セラピーを求めてくる人々の多くは、少なくとも多少は同じように両価的ではないかと思っています。セラピストとしての私たちの仕事は、自殺の衝動を認めることと同様に、生への欲求、もしくは死ぬことへの疑いを認めることであると思います。

　このインクルーシブなアプローチを提案するにあたって、私が強調することは、たとえ物事を変化させようと可能性に踏み込む時でも、私たちは痛みや苦しみ、問題、そして不公平に直面しなければならない、ということです。このように複雑なことに直面するのに最もよいスタンスは、問題を承認すること、そして同時に変化への可能性を認めることなのです。

　「*What Dream May Come*（奇跡の輝き）」という映画で、ロビン・ウィリアムズの演じた登場人物は、自分の妻を救い出すために、天国を離れて地獄へ降りなければなりませんでした。そして彼は地獄で妻と身動きがとれなくなってしまったのです。彼は彼女の地獄の光景に加わらなければなりませんでした。恐ろしい光景の中で道を見失ったのです。しかしウィリアムズの演じる登場人物は、最後に地獄をこえるものを思い出すことができたのです。そしてその思い出は彼ら二人を救ったのです。似たようにショーン・コルヴィンの歌う「Trouble」という曲も、自分のパートナーが落ち込んでいるとき、パートナーと関わり続けることについて歌ったものです。

「私は光のように、……友達のように、トラブルに進む。あなたは私を引きずり下ろす必要なんてない、私は下りるから」

この二つの例から、良いセラピーのエッセンスを見ることができると思います。セラピストは、人々とともに地獄へ降りようとすることと、可能性の王国に片足をとどめておくことができるのです。

肥料の山があることを認めてください。そこに足を踏み込まないようにしてください。そうすれば、それを掃除したり、堆肥として利用したりすることができるのです。

インクルーシブ思考の力

境界例の診断を受けている人々と同様に、複雑な分離問題や心的外傷後ストレスの問題で苦しんでいる人々にも、インクルーシブセラピーはとても効果的だと思います。なぜか！　それは、彼らが体験している複雑で矛盾した感情や、彼らが他人とコミュニケートするときに用いるむらなく混じり合ったメッセージを認めるからです。

私はキムの難しい治療の最中でした。彼女は子どもの頃、激しく持続的な虐待を受けていました。彼女は車で6時間かかるところに住んでいて、毎月私との3時間という長いセッションのためにやって来ました。長い時間をかけて私たちが行なってきたのは、キムの情緒的な傷つきを取り除くことでした。ある日、彼女は電話をかけてきて、セラピーを続けることができないと言いました。キムが長年にわたって自殺衝動と闘ってきたことを、私はその時までに知っていました。

キム：あなたとは親密になりすぎたし、私はとても傷つきやすいのです。それにあなたは遠すぎるので、必要なときに緊急に予約をとっても行くのも簡単ではないのです。

ビル：わかりますが、今は治療を終えるべきではないと思います。だから何分かお話しして、次の約束までなんとかやり通せるかどうか考えましょう。あなたは傷つきやすくなる方法も自分を守る方法も見つけることができます。そして、あなたにとって役立つように距離や親密さを調整することもできるのです。私はここに居ながら同時にあなたと一緒にいられますし、あなたはそこにいてなおかつ同時に私といることもできるのです。私はあなたが必要だと思う程度に遠くにいることができますし、あなたが必要だと思う程度に近づくこともできます。そして遠くにいることも近くにいることも、同時にできるのです。

　私はこの調子で数分間続けました、そしてそれから黙ったのです。

キム：わかったわ。それはとても助かります。あなたの言うとおりですね。できます。次の約束の時にお会いしましょう。

　私は西部地方のある病院でコンサルテーションをしていました。そこでは、その病院で最も難しい境界例患者の一人、エリザベスを担当していました。彼女は外来や入院の患者として、何年間もセラピーを受けていました。絶えず葛藤しており、彼女を救おうとするスタッフの試みを結局はくじくのでした。彼女は落ち込んでおり、自殺を試みたり自傷したりし、そして反抗的でした。私は彼女に自分が何者であるかを伝え、彼女についてはずっと落ち込んでいて何回か自殺をしかけたことくらいしか知らないと言いました。

ビル：どのくらいの間、落ち込んでいたのですか。ほんの2〜3年ですか、それとももっと長い間ですか？
エリザベス：8歳の時からです。
ビル：8歳からですか、それは長い間ですね。自殺願望や抑うつ状態を長い間持ちこたえてこられたとは驚きです。
エリザベス：ここ何年かの間に2回自殺に成功しそうだったんですが。

　エリザベスは、投薬もセラピーも、何も自分の抑うつの助けとはならなかったと言いました。自殺しようとしながらも彼女はどのようにして生き続けてこられたのかということや、彼女の抑うつのレベルや持続時間について、私は興味がありました。本当は死にたくなんかない、と彼女は言いました。生きたいと思っていたので、抑うつと長年闘ってきたのです。誰もそのことを理解していないと、エリザベスは言いました。なぜなら、彼女はいつも自殺することしか話さなかったからです。

ビル：何週間か前、私はニュース番組『60ミニッツ』を見ていたんです。マイク・ウォレスがある女性（私たちは、彼女をジャッキーと呼ぶことにしました。あまりよく覚えていなかったからです）にインタビューしていました。彼女はある種の退行的に衰えていく病気を患っていて、死ぬ権利のために法廷で争っていました。

　　ウォレスは尋ねました。「なぜ自殺したいと思うんですか」
　「私は自殺をしたいわけではありません」とジャッキーは答えました。「このように生きたくはないだけです。死ぬことを選択する権利がほしいのです」
　　ウォレスは言いました。「それで死ぬ権利のために争っているのですね。死にたいとおっしゃいましたね。あなたは生きたくないにちがいない」。

「いいえ、私は生きたいのです。このように生きたくないだけなのです」。ジャッキーは言いました。「私は人生を愛しているのです」
　「やれやれ」とウォレスは嘲笑気味に言いました。「あなたは落ち込んでいて、死にたいと思ってて、自殺したいんでしょう」

この時点で、ジャッキーは彼に自分の複雑な感情を理解させるのをあきらめてしまいました。

この時には、私は画面に向かって叫んでいました。「マイク。お願いだから、彼女の言うことを聞いてくれ。彼女は生きたいと思っているし、死にたいと思っているんだ。彼女はあんな感じで生きたくないし、死ぬ権利をほしいと思っているんだぞ」と。

ジャッキーの話は複雑で、矛盾した感情や現実を含んでいました。多分これはネットワークテレビには複雑すぎるんだ、と私は自分に言い聞かせました。NPR（ナショナル・パブリック・ラジオ）やPBS（全米ネットの公共放送網）ならわかってくれるかもしれませんね。

ビル：（エリザベスに）あなたについても同じことのように思うんです。あなたはずっと生きてきました。生きたいと思ったからです。8歳の時から抑うつと闘ってきました。そして、それを遠ざけておくことができました。それは幸運によってかもしれないし、天使が見守ってくれていたからかもしれないし、その時々で誰かがあなたを世話してくれたからかもしれません。しかしおそらく、あなた自身が自分を保ち続けていたからでしょう。あなたは生きたいと思っていますし、このように生きたくないと思っているのです。

エリザベス：そのとおりです。誰もそれを理解してくれませんでした。私は自殺したいと思いますし、死にたいと思わないのです。

はい、お話はもう十分ですね。

（私はまだ話し続けられますよ。うそだと思ったら、妻に聞いてください）

インクルーシブセラピーの達人になるための方法を学ぶ準備はできましたか？　それは信じられないほどシンプルで、微妙に複雑です。

では、始めましょう。

すべての複雑な問いには、
通常一つの単純な答えが存在する。
そして通常それは間違っている。
　　　　　――H. L. メンケン

第1章

インクルーシブセラピーの
3つの基礎的方法

インクルーシブセラピーには3つの「基礎的」な方法があります。

1. クライエントの体験などへの**許可やそうしなくてもよいという許可を与えてください**。例えばこう言います。「あなたは怒りを感じることができますし、怒りを感じなくてはいけないわけではありません」。もしくは「あなたは性的でいいですし、性的でなくてはいけないわけではありません」。しかしながら、「行動」に許可を与える場合には注意してください。このことには本文でも触れますが、あなたは有害な行動に許可を与えたくないでしょう。さもないと弁護士と不必要な時間を過ごす羽目になるかもしれません。

2. 一見正反対や矛盾に見えるものが葛藤なく**共存する可能性を示してください**。例えば、こう言うことができます。「あなたは私に虐待について話すことができますし、話さないこともできます」。「あなたは同時に、許すことも許さないこともできます」。

3. 過去にそうであった、現在そうである、将来そうなるだろうと話すときに、**正反対の可能性も考慮に入れてください**。例えば、こう言うことができます。「あなたはだんだん良くなっていくかそうならないかのどちらかでしょう」。「それはひどいことだったかもしれないし、そうでなかったかもしれ

ません」。「私は内気なんです、そうでない時を除いては」。

これら3つの方法から、26の応用的な方法やテクニックを選びました。

私はここでインクルーシブセラピーを安売りしたくありません。私はインクルーシブセラピーをできるだけシンプルで明確にするために骨折ってきましたが、あなたが最初このアプローチのシンプルさのみに注目し、その深さと微妙さに気づかないのではと危惧しています。

これらの一見シンプルな3つの方法の含蓄やバリエーションを探すのには多くの年月が費やされます。また、読者の中にはこのインクルージョンを安易なバージョンと受けとる人もいるのではないかと危惧しています。つまり、「インクルーシブ的に」振る舞うことで、人々の状態を改善したり改善したと感じるように操作できると考える人がいるのではないかと恐れているのです。このアプローチには、人間の体験の複雑で矛盾する性質を理解したりコミュニケートすることが含まれています。偽りの誠実さは、人から見抜かれます。それを長く続けることはできないのです。

これら3つの方法はいずれも、階層的でも連続して行なうものでもありません。そして一部は重複しています。これは、インクルーシブな考えを実践向きにした26の副次的手法（テクニック）にも当てはまります。

インクルーシブセラピーの断片は、長年にわたり様々な理論家やセラピーによって既に示されています。フロイトは、言語や感情がしばしば正反対の意味を含んだり示唆することについて記述しています。ユング派の心理学でも、人間のこころの「影」の側面について明確に述べています。ゲシュタルト療法は、自己や体験の価値下げられた側面である未統合な部分を統合することに関与しています。弁証法的な行動療法では、両価的な「境界性人格障

害」のクライエントに弁証法的な方法を用います。このことを考えると、この本が出版された後、インクルーシブセラピーのいくつかの断片がすでに他のアプローチの一部分として存在することを指摘する多くの手紙を、私は受け取ることになると思います。インクルーシブセラピーの主な方法を3つのカテゴリーにまとめることによって、これらの様々な側面を、利用しやすく習得しやすくしたいと考えています。

　それでは、基礎的な方法と、その26の特別なテクニックへ進みましょう。

許可法

　許容は、インクルーシブセラピーの最初の基礎的な方法です。ほとんどのセラピストは、おそらくすでにこの方法を用いていると思います。なぜなら多くのクライエントは、感じてはならない感情や考えてはならない考えやしてはならない行動のために行き詰まり、セラピーにやってくるからです。ほとんどのセラピストは、クライエントを受容し、自分の体験をあまり恥じることのないよう、上手に援助しています。ここであなたは、いくつかの区別を学び、インクルージョンを前提とするセラピーの文脈の中でのこの方法の上手な使用法について、いくらかはっきりさせることができるでしょう。

1.1　許可を与える

　クライエントが持つかもしれない、ありとあらゆる体験や感情や思考や空想に対して、許可を与えてください。

　感覚、不随意的な思考、感情、イメージなどの無意識な体験は大丈夫だと、クライエントに知らせてください。もちろん、それらと「計画」および「行動」（すべてが大丈夫とは限らない）との区別には常に注意する必要があります。

　スウェーデンのセラピストである友人のクラス・グレベリウスは、エヴァという女性と初回セッションを行ないました。彼は、なぜエヴァがセラピーに来ているのか、正確に見定めることができませんでした。エヴァは漠然としたたくさんの不満を、自分の生活に対して持っていましたが、不満の原因として具体的なものは何も見つけられませんでした。彼女は仕事にも結婚生活にも社会生活にも不満があるのですが、何が悪いとかどう変わりたいとかは言えませんでした。クラスは次の予約日に再び来るように言いましたが、取り組むべき何かが見つからなければ一緒にやっていくことはできないだろうと思いました。エヴァが次の週に再び訪れたとき、彼女の予約は1日11時間の最後でした（クラスは別のクライエントの緊急対応で、夕食抜きになっていたし、強い頭痛もしていました）。エヴァは再び漠然とした不満を述べ始めました。クラスはいつもは我慢強く思いやりのある人なのですが、この時には疲労があらわになってきたのです。彼女の話を聞いていると、彼はだんだんイライラしてきて、頭痛もひどくなってきました。

クラス：（ついに爆発して）いったい何があなたを悩ませているのですか？　はっきりさせましょう！

エヴァ：（ためらいなく）私の馬です。私の馬なんです。その馬は2年前に死にましたが、私はそれを乗り越えられないのです。夫や友人は、馬でそんなに深く悲しむなんて変だと言います。でも、その馬は私の親友だったので、いなくなってとても悲しいのです。

それから、私がクライエントに言うのと同じようなことを、クラスは言いました。

クラス：あなたが2年で悲しみを乗り越えなければならないというルールを誰が作ったんです？　あなたは残りの人生において、その馬のことで深く悲しんでもよいのです。全然おかしいことではありません。しかし今、このセラピーで私たちができることがわかりました。私は、あなたがだんなさんやお友達に対して敢然と立ち向かうのをお手伝いすることができると思います。そうすればあなたは、ご自分のやりかたで、時間をかけて、深く悲しむ余地をもてるでしょう。

エヴァは、ほっとして、その馬の写真を取り出しました。それをクラスに見せながら泣き、その馬の思い出を詳しく話しました。セッションの終わりに、クラスが次回面接の希望日を尋ねたところ、彼女は、もう来る必要はないと言ったのです。愛馬の死をいまだ悲しむ自分はおかしくも間違ってもいないと彼女は感じており、自分の悲しみと夫や友人らへの対応を、どちらもこなすことができたからです。

この話のポイントは、自分が感じていることは感じてもよいことなのだという許可を必要としている人たちがいるということです。

この後すぐ述べますが、感じていないことは感じなくてよいという許可をもらうことが重要となる人々もいるのです。

　この応用的な方法は、その体験はかなり一般的もしくは少なくとも人間の体験の範囲内にあるということを、その人に気づかせるよう援助あるいはノーマライズすることをしばしば含みます。私たちはまた、感情や空想や思考と、実際にそれを行なったり行なうよう企てることを区別するよう、援助しようとします。誰かの首をしめてやりたいほど怒ることはいいです。しかし、本当に首をしめてはいけません。

実践：許可を与える
　私はすでにこのアプローチを始めています。何年間もこのアプローチを行なってきました。今度はあなたが実践する番です。私は実のところ、本を読むときには普通練習問題を飛ばして次の一節に進んでしまいます。あなたも確かにそうすることができます。しかし私は、スペースをとるためだけに練習問題をここにおくのではありません。これらの応用的な方法を、あなたがクライエントに用いる前にもう少し体験するのを助けるものと思います。ほんの少し時間をかけてやってみてください。

　（もちろん、しなくてもいいです）

用例
クライエント：彼の声を思いだしたら、本当に恐くなってしまったんです。
セラピスト：恐くなるのはいいです。あなたが感じることを存分に感じてください。

クライエント：私は時々、夫と子どもから逃げ出すことを空想するんです。
セラピスト：他の女性たちが同じことを言うのを聞いたことがありますよ。

そういった場合、結婚生活や家庭生活のいくつかの局面と失望を結びつけすぎることからくることが多いんですが。それがあなたにもあてはまるかどうかはわかりませんが、しかしそのような考えをもつのはいいと思います。もちろん、離別を「企てる」ことと実際にそうすることとは、全く別物ですよ。

この後の練習コーナーでは、クライエントの発言を示しますから、それぞれに応答してください。完璧である必要はありません。採点はしません。しかしながら、私たちが求めるインクルーシブセラピーの側面を示す方法で応答するようにしてください。これらは、あなたがそのプロセスにうまくのれるように作られています。

やってみよう！
クライエント：私は妻を愛しています。しかし恐ろしいのです。私はジムで、ずっとあいつについての（同性愛の）空想をしているんです。
セラピスト：

クライエント：私はどこか悪いのかもしれません。私は赤ちゃんを愛していますが、時々あの子を壁に投げつけることを想像してしまうのです。私はどこか悪いのでしょうか？
セラピスト：

1.2　しなくてもよいという許可を与える

　クライエントの体験、空想、思考、感じること、あるいは何かを行なうことに、そうしなくてもよいという許可を与えてください。

　何か特定の感情を感じなくてもよいと、クライエントに分からせてあげてください。何らかの体験によって何かを感じるよう強制されるわけではないし、何らかの特定の行動を始めるよう求められることもありません。人々は時々、感じなくてもよいとかしなくてもよいという許可を必要としているようです。

　私が以前担当していたクライエントのマイケルは、自分はどこか悪いのではないかと考え、セラピーにやってきました。1年前に亡くなった父親に対して、泣いていなかったからです。彼と父親はとても親密でしたので、父親が亡くなって寂しかったし悲しかったのです。しかしマイケルは泣きませんでした。

　彼の話を聞いた後、深く悲しむことは個人的な体験であること、それに関する確かなルールはないことを、私は話しました。ひょっとしたら将来いつの日か、何かがきっかけとなって彼は泣くかもしれません。あるいは決して泣かないかもしれません。それとも彼は他の人とは違うかたちで深く悲しんだのかもしれないのです。

彼はこのことを考えながら、しばらく黙っていました。

マイケル：それでは、父のために泣かなくても大丈夫なんですね。
ビル：もちろん。

その直後に、彼は泣き始めました。

　もう一つの例は、リンダというクライエントです。彼女は、自分の赤ちゃんを傷つけるという気がかりな空想を抱いていました。そして遅かれ早かれ自分はそれを実行してしまうと感じていました。私は彼女に、空想したりイメージしたりするスキルを身につけると同時に、空想やイメージを実行しないようにする練習もできると言いました。それは、自分を抑制しつづけられるという自信を増す方法でもあるのです。私は、彼女が私の頭に斧を投げ、今いる２階のオフィスの窓から私を放り投げることをイメージするように提案しました。初め、これをリンダは怖がりましたが、このセッションやその後のセッションでイメージするうちに、とりうる行動と空想を切り離すのは簡単だということに彼女は気づいたのです。

　また、自分自身のニーズよりも他者のニーズを優先しなくてもよい、という許可を必要とするクライエントもいます。さらに、いつも「いい人」（本当はしたくないことをするはめにおちいりがちです）でなくてもよい、という許可を必要とする人もいます。

　ここでのメッセージは、次のようなものです。

　「あなたは自分の感情や空想を実行しなくてもよいのです。そういった感情や空想をいだくのはいいですよ。それが悪いというわけではないのですか

らね」

実践：しなくてもよいという許可を与える
　このテクニックは、その人が、感じなくては「ならない」、しなくては「ならない」、こうあらねば「ならない」と感じている時に用いてください。穏やかに知らせてあげてください。

用例
クライエント：彼の声を思い出すと、本当に怖くなるんです。
セラピスト：怖がらなくてもいいですよ。ここには私がいて、彼はいません。あれは過去のことなのです。これは現在のことです。

クライエント：私は、「いいえ」と思うとき「はい」と言うのです。
セラピスト：あなたははいと言わなくてよいのです。彼は、それが本当は自分の問題なのに、あなたの問題にしてしまっているのです。

クライエント：もし彼が取り乱したら、どうしましょう？
セラピスト：あなたが責任を感じる必要はありません。彼は自分の問題をあなたの問題にしているんです。

　再び実習の時間です。

　これが実習であることを思い出してください。間違っても、行き詰まっても、手掛かりがなくても、挑戦して失敗してもいいのです。

　（練習問題をしなくても、間違えても、わからなくてもいいと言うことで、私がうまく実例をあげていることに気づくでしょう。）

やってみよう！

クライエント：私は、みんなの世話をしなくてはならないと感じています。

セラピスト：

クライエント：私は虐待について本当に思い出せないのです。私の読んだどの本にも、思い出さねば癒されないと書いてあったのです。

セラピスト：

セオリー・ブレーク：命令

　この本の主体は、セラピーの実践に関するものですが、皆さんの中には、自分の実践の方法の中に理論が少々「消化を助ける繊維」として交じっているものがお好みの方もおられることでしょう。そこで、少しばかり申し述べることにしましょう。

　セラピーにおいて示される問題を考える一つの方法は、それがある命令を反映しているということです。命令とは、私たちの行動を導き体験を体系化する観念や信念のことです。私たちはそれらを意識していないことがあります。それらは、人々が自分自身に対して下した結論とも、他の人たちから示されたり言われたりした考え方ともとらえられます。

　私は、命令には2種類の主な型があることに気づきました。

1. **禁止命令**は、できない、するべきでない、してはならない、といったものです。これらの命令には、判断が生じます。「あなたは、性的な感情を感じるべきではない」「私は怒ることができない」「大きい子は泣いてはいけない」「性的な女の子たちは、ふしだらだ」というようなものです。
2. **侵入的／強制的命令**は、する必要がある、するべきだ、しなくてはならない、といったものです。この命令の形はこのように表現されます。「あなたはいつも完璧でなければならない」「私は自傷しないと気がすまない」「私はいつも笑顔で幸せであるべきだ」「男性は強くなければならず、女性の世話をしなくてはならない」「女性は他の人のニーズに気を配るべきだ」。

　インクルーシブセラピーの26の応用的方法は、「命令に対抗する」よう

にデザインされています。それらは、禁止、強制（感情や思考の形式における）、命令が引き起こす恥の感情から人々を自由にするように作られているのです。許可は、役に立たない命令から人々を自由にするよう援助する最も明らかな方法です。許可の言葉が命令をうまく映しだすからです。

「許可する」ことは、人々が禁止命令から逃れるのを援助するようデザインされています。

・あなたが男であっても、泣いていいですよ。
・女の子は、性的になることもできますし、よい子になることもできます。
・怒ってもいいんですよ。

「しなくてもよいと許可する」ことは、人々が侵入的命令から逃れるのを援助するようデザインされています。

・あなたは完璧である必要はありませんよ。
・あなたは、自分の難しい感情を処理するのに自分を傷つける必要はありませんよ。
・あなたはいつも強くある必要はありませんよ。
・あなたは、自分自身のニーズを放置してまで、いつも他人の世話をする必要はありませんよ。

許可を与えることは命令に立ち向かう最も直接的な方法ですが、他の方法もまた、人々に対する命令の支配力を無効にすることに役立つことを覚えておいてください。

1.3　一度に両方の許可を与える

　してもよいという許可と、しなくてもよいという許可の両方を与えてください。

　全ての土台をカバーするために両方への許可を与えてください。あなたはどちらかの許可（することの許可、もしくはしなくてもよい許可）を与えることができますが、同時に両方への許可を与える方がより有用な場合もあると思います。

　例えば、次のようなことです。

「あなたは怒りを感じることもできますし、怒りを感じなくてもいいです」
「性的であってもいいですし、あなたは性的でなくてもいいです」

　もしあなたが一つのタイプの許可だけを与えたら、クライエントは全体の一部分だけを体験するよう圧力をかけられていると感じるかもしれませんし、より引きつけられ心をかき乱されるようなかたちで、体験の別の部分を見出すかもしれないのです。

　例えば、あなたはこう言うかもしれません。

「思い出してもいいです」

　そうすると、クライエントはこう言うかもしれません。

「でも、思い出したくないんです！」

そうではなく、あなたはこう言うこともできました。

「思い出してもいいですし、思い出さなくてもいいです」

　もしあなたが自分のクライエントにこのように話しかけたら、跳ね返り（bounce-back）反応を体験することはほとんどないでしょう。

実践：一度に両方の許可を与える
　このテクニックは、クライエントが両価性を示す時や、感情や思考がある側からもう一方の側に跳ね返る時に役立ちます。

用例
クライエント：私は、彼の声を思い出したら、本当に怖くなってしまいます。
セラピスト：怖くなってもいいですし、あなたは怖がらなくてもいいです。

クライエント：私は時々、夫と子どもから逃げ出すことを空想するんです。
セラピスト：そのような空想をするのはいいですよ。あなたの人生や結婚や家庭でいま起きていることへの別の対処法を見つけられるかどうかを調べてみましょう。そうすれば、そのような空想をする必要もなくなるでしょう。

この時、あなたは応答において、より創造的になる必要があるかもしれません。なぜなら、少し不自然に聞こえることがあるからです。

「大丈夫ですし、そうでなくてもいいです」

より自然に聞こえるけれども同じメッセージが伝わる言い方を、いくつか見つけてみてください。

やってみよう！
クライエント：私は今の仕事をやめたいんです。でも仕事をやめると、破産したり、請求書への支払いに十分なお金を得られないかもしれないと心配です。
セラピスト：

クライエント：私はしょっちゅう怒っています。
セラピスト：

1.4　ノーマライズする

　クライエントの心配事が、風変わりなことやひどいことではなく、普通の人間の体験の範囲内でのことであると知らせるように話してください。

　許可を与えるもう一つの方法は、ノーマライズすることです。この方法は、人々が自分の体験はよくある人間の体験の範囲内のことだと気づくように援助するものです。特に、自分で間違っているとか、良くないとか、恥ずかしいとか、奇妙だとかと考えている側面に対して行ないます。セラピーに来る人たちはたいてい、自分はこのように感じたり特別な問題をかかえている唯一の人間だと感じているものです。

実践：クライエントの体験をノーマライズする
　あなたは、クライエントの体験が人並みのものであることを示す物語を話してもいいでしょう。もしくは、クライエントの体験したことと関連して、あなたのかつての類似した感覚を話し、同情の意を示してもいいでしょう。

用例
クライエント：私は時々自殺を考えます。
セラピスト：実は、私も過去に自殺することを考えたことがありましたし、カウンセリングで私が話した人の大部分が一度や二度はそのようなことを考えたようでした。あなたは真剣にそうすることを考えたのですか。それとも最近、特別な計画を立てたのですか？

クライエント：私たちは新しい家族として苦しい時期を過ごしています。子どもたちは、私の新しい夫としての彼をひどく嫌がるんです。
セラピスト：あなたはもしかすると、すぐにでも親密さが実現することを期待していたのかもしれません。もしくは、あなたはもっと早く物事がう

まくいくことを望んでいたのかもしれません。大部分の人たちは、家族同士が一体となるまでに、かなりの長い間"波風の多い"家族として過ごすようですよ。

　私はよく物語を話します。自分自身や他のクライエントたち（適切に改変して）、もしくは知っている人たちや、本で読んだことのある人たちについて話します。クライエントが、自分の体験はノーマルであり妥当なものだと感じるのを援助するのです。大切なのは、クライエントが自分の体験は大丈夫なのだと感じるのを援助する方法を見つけることです。あなたは彼らに、関連した話題の自助本や、類似した状態にあった人の伝記を読むよう勧めることもできます。あなたはクライエントに、そのような状況にある人たちのためのサポートグループに向かわせることもできるのです。

やってみよう！
クライエント：みんなが私の陰口を言っているように思います。
セラピスト：

クライエント：彼女は神経過敏だと思います。
セラピスト：

陰陽法

　一見正反対の事柄をインクルージョン（包含）することは、インクルーシブセラピーの２番目の基礎的方法です。これは「陰陽」法です。正反対のものは調和し、古代のシンボルが示すように、お互いにもう片方の一部を含んでいるのです。アジアの文化は、西洋の大部分の文化よりも、この概念をよく根付かせていると思います。

　私が提示する例は大部分が二重性のものですが、この方法もまた、多数性（二つ以上の選択肢）を含むものに向いているのです。実際には、二重性が含まれるいくつかを連続させます。例えば、私はこう言うかもしれません。

　「あなたは、セラピーをやめたいと思うことができますし、続けたいと思うこともできます。あるいは、あなたは続けたいと思うが、とても困惑しているので、少しペースダウンする方法を見つけることもできます。それとも、しばらく休憩して、あなたの変化が強固になったら戻ろうと思うかもしれません」

　ここでの基本的な考え方は、一見正反対のもの同士でも、体験への理解を広げられさえすれば、実際に矛盾している必要はない、ということです。

1.5　正反対あるいは矛盾した感情を包含する

　一見正反対あるいは矛盾する感情を「そして」でつなぎ、一つに包含してください。

　西洋の言語や文化は、一度に一つの感情のみを感じたり認めたりするよう私たちに求めます。陰陽法は、この西洋文化の側面を認めながら、クライエントが自らの感情生活のより複雑な見方にも目を向けるように促します。このより複雑な見方は時折、見かけ上矛盾するものを含むでしょう。私が「見かけ上」と言うのは、それらが全面的に矛盾しているのではなく、ただクライエントやその他の人にそう見えているにすぎないからです。

実践：正反対あるいは矛盾した感情を包含する
　上記のように、そのねらいは、見かけ上正反対なものを、たいていはその間に「そして」を入れて包含することです。

用例
クライエント：私は本当に自分の子どもが嫌いです。
セラピスト：あなたが以前私におっしゃったことからすれば、私の感じでは、あなたはお子さんたちを嫌っているし、そして愛しているんだと思います。

クライエント：私は彼を愛していますが、殴られるのにはもう我慢できないんです。
セラピスト：あなたはその関係から離れたくないと思っていて、そして離れる必要もあると感じているんですね。

あなたが応答する時、「もしくは」や「しかし」ではなく、「そして」という言葉を使うのを覚えておいてください。そして、クライエントが正反対と感じていることが、あなたにはそう見えないこともあるということを覚えておいてください。例えば、私が担当したあるクライエントは、親密さやつながりを感じる相手に対して性的な感じを持てないのでした。彼女に対しては、正反対の感情をこのように表現するでしょう。

「あなたはつながっていると感じることも、そして性的に感じることもできます」

やってみよう！
クライエント：私は時々自殺について考えます。
セラピスト：

クライエント：私は他の州に引っ越して新しい仕事をしたいのですが、破産して両親とともに戻ってこなくてはならないかも、と怖いんです。
セラピスト：

1.6　自己や他者の正反対あるいは矛盾した側面を包含する

　一見正反対であったり矛盾する自己や他者の側面を、ここでも通常「そして」を用いてつなぐことにより、包含してください。

　私たちはたいてい、自己や自分の体験のただ一つの側面を、自分自身とみなしたり、そこだけに注目したりするものです。他の人について考える時もそうです。陰陽法のこの側面は、クライエントに、自分自身や他人へのより複雑な見方に気づいたり注意を向けるよう促します。

　何年か前、日本を訪れました。そして東京観光の時、ガイドの女性が神社を指して説明しました。彼女によれば、日本人の約8割が神道を信奉しているということでした。少し先に行くと仏教の寺があり、彼女は言いました。日本人の7割が仏教を信奉していると。この説明で、何人かはその矛盾に気がついたのです。彼らのいぶかしげな表情にたいして、ガイドはこう言いました。日本人にとって、二つの異なる宗教を信奉することには、何の矛盾も問題もないのです。しかしながら、西洋ではこれはたいへん非論理的です。私たちは二進法的な論理（どちらか、もしくは）を用いがちです。アジアの文化ではたいてい、インクルーシブな論理（どちらも、そして）を用いるのです。

　ロックミュージシャンのメレディス・ブルックスは、人々のこの複雑ではあるが最終的には矛盾しない面を表現しています。

　「Bitch」（あばずれ）という曲で、ブルックスは歌っています。

「私はあばずれ、私は恋人、私は子ども、私は母親、私は罪人、私は聖女」

　私の読んだインタビュー記事で、ブルックスは、自分は気まぐれで矛盾してるために人間関係を壊し続けてきたと説明して、この曲の意味を明らかにしたのです。最後に彼女は、自分はそういう人間なのだと気づいたと言っています。つまり、彼女は彼女が歌う歌そのものだというのです。これに立ち向かう彼女のやり方は、人間関係の最初の時点で「いい人」であろうとするのをやめることでした。真実は、結局は露呈してしまうのですから。

実践：自己や他者の正反対あるいは矛盾した側面を包含する
　あなたは、この応用的な方法を使って、クライエントに対してよりインクルーシブであるように説得を試みるわけではありません。あなたはクライエントたちに、自分の生活や性格、体験の中に正反対のものがすでにあるということを、気づかせ明確化するように要請するのです。

用例
クライエント：私は怠け者なのです。
セラピスト：けれども、あなたは先週末、親友の引っ越しの手伝いに２日間の休日を使ったじゃないですか。そこからすると、あなたは怠け者のようにも怠け者でないようにも見えます。

クライエント：彼女は、ある時にはすごく冷たくなるし、とても愛情深いこともあるのです。
セラピスト：彼女は冷たく、そして愛情深いのですね。

　「あるいは」や「しかし」ではなく、「そして」という語を忘れずに使ってください。

これらの一見正反対なものが正反対とは限らないのです。私たちは単なる反意語に関心があるわけではありません。それらは、クライエントの体験において正反対なものなのです。例えば、あるクライエントは性的な体験をしてもよいし、そして正反対にいい子であってもよいのです。また、彼が傷つきやすい体験をしてもよいし、そして正反対に男性的であってもよいのです。

　私はかつて、ある詩人の講義を聞いたことがありますが、その中で彼はこんな風に言っていました。

「疲労の反意語は必ずしも休息とは限りません。真心です」

　このような創造的な思考は、クライエントにとって何が正反対かということを想像する上で役に立ちます。

やってみよう！
クライエント：彼女が死んでしまうかもしれないと思うと恐ろしい、ということを彼女に言えません。彼女のために、私は、強くなければならないのです。
セラピスト：

クライエント：私は、性的な望みを伝える時、自分をとても不潔に感じるのです。
セラピスト：

1.7　付加疑問文を用いる

　一つの文における均衡（equation）の、もう一方の側を包含してください。

　これは、文の最後に、疑問文という形で正反対なものを含めることです。ミルトン・エリクソンから学んだとき、彼は私にこう言いました。

「もし君が『いいえ』と言わなかったら、患者がそう言わなくてはならなくなる」

　彼はしばしば、付加疑問文や付加文という形で正反対なものを含めることによって、「抵抗」と消極性を迂回したのです。フランス人は、文の終わりに「n'est pas」（大雑把に訳すと「そうじゃない？」）というフレーズをつけて、まさにそうしているのです。

　エリクソンは、セラピーの過程で、クライエントに言ったものです。

「あなたは本当に変わりたいんです、そうじゃないんですか？」

　または次のように。

「あなたはその変化を起こすのに実に困難を抱えています、そうじゃないんですか？」

　クライエントに催眠を行なう場合、エリクソンはこんな風なことを言ったでしょう。

「あなたはまだ目覚めていると思っています、そうじゃないんですか？」

または次のように。

「あなたはトランスに入っていない、ちがいますか？」

実践：付加疑問文を用いる

あなたのクライエントへの言葉の最後に疑問文を含めてください。この付加疑問文には、その直前の内容とは正反対の意味がなければなりません。

用例
クライエント：私は本当に自分の子どもが嫌いです。
セラピスト：あなたは本当にお子さんたちが嫌いなんです、そうじゃないですか？

クライエント：これ以上1日だってあんな仕事はやれません。
セラピスト：あなたはやれない、できるんですか？

このようなフレーズを使ってください。

- 「……そうじゃないんですか？」（…… are you not ?）
- 「……そうしないんですか？」（…… do you not ?）
- 「……そうするんですか？」（…… do you ?）
- 「……できるんですか？」（…… can you ?）

あなたの文の最後にこれらのフレーズを付けてください。これは、クライエントの経験において語られないことのある側面を認識させるようにデザインされています。

やってみよう!

クライエント:私が変われるかどうか、わかりません。

セラピスト:

クライエント:私は他の州に引っ越して新しい仕事をしたいのですが、破産して両親とともに戻ってこなくてはならないかも、と怖いんです。

セラピスト:

セオリー・ブレーク:「そして」の重要性

　何年も前、ゲシュタルト療法が流行していた頃に、私はその訓練を少し受けたことがありました。ゲシュタルトが熱心に説いた考えの一つは、「しかし」の代わりに「そして」を用いることでした。

「ベッドで寝ていたいけれど、仕事に行かなくては」

という文は、これをこう変えます。

「ベッドに寝ていたい、そして仕事に行かなくては」

　この考えは、人々の体験のすべての側面を、妥当であり必ずしも矛盾するものではないとして尊重し包含する、というゲシュタルトの考えによるものです。当時私が学んだものの大部分はどこかへ行ってしまいましたが、この部分は残っています。私は、「そして」という語を普通はつながらない事柄をつなげるために使い、それによって潜在的な葛藤をなくすという考え方が好きなのです。

　接続詞として「そして」という語を使って考えると、自分の体験の一側面だけを行動に移すかもしれないクライエントを助けることができます。私たちは、彼らが別の側面（もしくは両面）に気づき認めるのを手伝うことができるのです。

　次の例を考えてください。

「あなたは、このような痛みを持ちながら、生きたいと思い、そして生き続けたくないと思うのですね」

「結婚を続けたいと思い、そして別れたいのですね」

「彼女を叩きたいほどの怒りを感じ、そして叩くことはよくないと思っているのですね」

1.8　矛盾話法や反対語の並置を用いる

　反対語を含むフレーズ（矛盾話法）、あるいは同一フレーズや文の離れた部分において、均衡のもう一方の側面を包含してください。

　エリクソンは、正反対なものを包含するために、別のよく似た二つの方法を用いました。一つは矛盾話法（oxymoron; この語自体、古代ギリシャ語の「鋭い」と「鈍い」という単語を組み合わせたもの）。もう一つは、正反対な語を、同じフレーズまたは文の中で、離れた位置に置く（反対語の並置）というものです。

　あるときエリクソンは、強迫的に性的な行動をしてしまう若い女性を治療していました。彼女の話によると、彼女は父親から性的に虐待され、それ以来、彼女は男性の陰茎を恐れているのに、出会ったすべての男性と性的関係を強要されたように感じていました。陰茎が脅迫しているように、彼女には思えるのです。彼女が性的な行動をやめることを渋っているし不可能であったので、エリクソンの最初の提案の一つは、「不道徳な楽しみ」として、その固く脅迫的な陰茎をだらりとしたぶらぶらの無力なものに縮めることに彼女が取りかかる、というものでした。不道徳な楽しみとはすばらしい矛盾話法です、そうじゃないですか？

　また別のときエリクソンは、ある女性が自分の診察室にやって来て、「入念にカジュアル」な態度で座った、と言いました。これもまた、すばらしい矛盾話法です。

　ここに、私のお気に入りの矛盾話法のフレーズを、いくつか挙げます。そ

の感覚をつかんでいただけると思います。

- ひどくよい Awfully nice
- 正確な見積り Exact estimate
- 紛失したことを発見する Found missing
- 同じ相違 Same difference
- ほとんど正確 Almost exactly
- 甘い悲しみ Sweet sorrow
- 今、それから Now ,then……
- 労働休暇 Working vacation
- 恐ろしくうれしい Terribly pleased
- きゅうくつなスラックス Tight slacks
- 確かにたぶん Definite maybe
- すてきに醜い Pretty ugly

　別の機会にはエリクソンは、正反対の言葉同士を、さらに拡張して用いたのです。彼は、「あなたは嫌な相手から別れることに携わる（engaged in detaching）ことができる」と言ったかもしれません。これは矛盾話法（「別れることに携わる」engaged detachment）のようですが、この二つの単語の関係が動詞と副詞でも名詞と形容詞でもないので、そのテンションは全体の文章を通して広がっています。これは反対語の並置と言えます。

　あなたは、これを覚えておくことを覚えているかもしれませんし、あるいはもしそれを覚えている必要がないならば、忘れることを覚えているかもしれません。

　（だんだん混乱してきました、そうじゃないですか？　ああ、忘れてください。）

これは、並置の良い例です。同じ状態にとどまることによって変化する人もいれば、変化することで同じ状態にとどまる人もいます。また、物事が変わるほど、それらは同じ状態にとどまるのです（Plus ca change, plus c'est la meme chose とフランス人は言います。フランス語はとてもインクルーシブです、n'est pas?）。

実践：矛盾話法や反対語の並置を用いる
　正反対の二つの概念を選び、それらを一つのフレーズまたは文に包含してください。それらを、クライエントに対して治療的であるよう関連付けましょう。

用例
クライエント：私は今度の試験が不安です。
セラピスト：あなたは、その不安を冷静に見ると、役に立つものかどうかわかります。

クライエント：1日たりともこんな仕事を続けることはできません。
セラピスト：あなたは、仕事をやめるのにふさわしい時期まで、「じりじりしながらがまん強く（impatiently patient）」いられるでしょう。そして、早すぎも遅すぎもしない時期に仕事を離れることができるのです。

　陰陽のシンボルを思い出してください。そして包含される必要のある、クライエントのそれぞれの感情や側面や、クライエントの状況を想像するのです。正反対のものの両方を捉える創造的なフレーズを考えてください。そのフレーズを文や質問に加えてください。矛盾話法は一つの形容詞句または副詞句にまとめられます。反対語の並置は文章を通して展開されます。

やってみよう！

クライエント：私は変われるかどうかわかりません。

セラピスト：

クライエント：私は、自分が成功するのを恐れ、失敗するのを恐れていると思います。

セラピスト：

1.9 「抵抗」を認める

クライエントが見せ表現するどのような「抵抗」に対しても、協力し、評価し、受け入れ、そして包含してください。

私は「抵抗」という語に引用符をつけています。それは、抵抗と見えるものの多くは、実際にはセラピスト側の誤解や柔軟性のなさの反映であると思うからです。また、セラピストが「抵抗」と呼ぶものの多くが、クライエントの側の道理にかなった懸念を反映したものであるとも考えています。私たちは、彼らの「抵抗」を真剣に受け取り、承認すべきでしょう。加えて、インクルーシブセラピーの文脈では、抵抗を評価し受け入れることは、望まれる変化を妨げる抵抗のパワーを取り除く一つの方法なのです。

実践：「抵抗」を認める

これはニセモノの誠実さではありません。インクルーシブセラピストは、抵抗とみなされるものに対して、正当で道理にかなったものとして、表現された懸念を認めるのです。セラピストはこれらの懸念を包含し、真剣に受け取ろうと全力を尽くすのです。

用例

クライエント：あなたの宿題ができないのです。

セラピスト：わかりました。私の提案が、あなたには合っていなかったのかもしれませんね。もしくは、あなたがこれをする前に私たちが取り組んでおくべきなのにまだ話し合ったり対処していなかったことがあったのかもしれません。もしくは、まったく別の何かがあったのかもしれませんが。どう思われますか？

クライエント：結婚生活を続けたくありません。もう終わってしまったんです。彼女が浮気をした後、愛は死にました。
セラピスト：わかりました。あなたは彼女と一緒にセラピーに来ましたね。結婚生活をうまく続けることを含めずに、何か助けになることをここで私たちができると思いますか？

　この応用的な方法やテクニックには、抵抗を理解しようとすることも含まれます。もしあなたがその抵抗を理解できないならば、クライエントの懸念や苦心の正当性を受け入れるようにしてみるべきなのです。上位者ぶらないように注意してください。

やってみよう！
クライエント：何もうまくいかないのです。あらゆることを試してきたんですが。
セラピスト：

クライエント：あなたに料金を支払う余裕はないんです。でも、ほかの人が私を助けてくれるようには思えないのです。
セラピスト：

1.10 「抵抗」や問題を含める

　抵抗や問題を受け入れ、認めてください。ただし、空間、時間、表現方法にそれを含めて考えてください。

　これは、私がエリクソンから得たもう一つのものです。患者を催眠に誘導する過程で、患者がトランスに入るのに難しさを感じることが時々ありました。そんなとき、エリクソンはこう言ったものです。

　「その椅子で、あなたはトランスに入るのにとても苦労しているようですね。別の椅子に移動して続けましょう」

　これによって多くの場合、患者は最初の椅子での抵抗から離れる結果になったと、彼は報告しています。またエリクソンは、患者が特定のつらいもしくは恥ずかしい体験を話したがらないときには、その困難な体験の期間以外のあらゆることを話すようにと暗示したものでした。

　似たようなやり方で、エリクソンは、クライエントの症状や問題を毎晩15分間に限定するよう励ます一方で、その症状や問題を続けるよう暗示することがよくありました。その期間中彼らは、熱心に症状を経験したり問題を実行しなければなりませんでした。これには、望まれない体験を時間という枠の中に収めるという効果があるのです。

　エリクソンの別の方法は、抵抗や問題を、これまでとは異なるより有益な方法で表現するよう、提案することでした。事業に失敗して破産した後、精神病院に入院したある男性は、泣いたり、何かを押しのけようとするかのよ

うに体の前で手を前後に動かしたりして、毎日を過ごしていました。エリクソンはカルテの彼の履歴を読み、彼に近寄ると、こう言いました。

「あなたの人生は、上がり下がりの連続だったようですね」

エリクソンは、その人が手の上下という新しい動きのパターンを引き継ぐまで、その人の手を上下に動かすことを続けました。何日か後、彼が新しいパターンを続けているのを見て、エリクソンは彼を作業療法室に連れて行きました。そこで、彼は患者の両手にサンドペーパーを固定し、再生中の古い塗りテーブルの脚のあたりに、彼の手を置きました。初め、男の手は不規則にテーブルの脚に触れていましたが、少し時間がたつと、ゆっくり慎重に、テーブルの脚にやすりをかけ始めたのです。彼はテーブルの再生を続け、それから彼はチェスのセットを作り始めたのです。その患者は、このチェスセットを作るのがかなり上手になり、すぐにそれらをスタッフやほかの患者に売るようになりました。彼はその後すぐ、退院したのでした。

実践：「抵抗」や問題を含める

人が問題をもつことを承認もしくは勧める方法を考えてください。より自制のきいた効果的な方法を考えてください。

抵抗や問題と対立するというよりも、それらの原動力となっているものとともに働くために、このアプローチは、受容の態度と同様にいくらかの創造性を必要とします。

用例

クライエント：かさぶたを取るのをやめられません。毎晩何時間も、血まみれになるまでむいてしまうのです。

セラピスト：では、どうでしょう。午後6時から9時まで、1時間につき5分間だけ、それをご自分に許可されてみてはどうですか。それは、あなたにいくらかの強制といくらかのコントロールの両方を与えるでしょう。

クライエント：取るに足らない失敗で、私は自分自身を非難してしまうのです。

セラピスト：わかりました。来週までに、あなたがした悪いと思われることを一つ選んで、それについて書いてきてください。論じ尽くしてください。あなたがした間違いと、そのことがあなたとどう関わるのかということについて、バカらしいほど詳細に説明してください。

　このテクニックは、逆説的な方法のように見えることもあります。しかしこれは逆説とは異なると思います。逆説では、クライエントに問題を故意に誇張させたり、抵抗を促進するよう暗示したりします。抵抗や問題を含めるということは、少し違います。それは、問題や抵抗の、予定を作ったり、局所化したり、表現を別の方法に含めるのです。問題や抵抗をより制限し、より破壊的でない範囲にすれば、受け入れることができるのです。

やってみよう！

クライエント：毎晩インターネットのポルノをネットサーフします。セックスラインに電話して先月は 900 ドルも支払いました。やめようとはしたんですが、失敗しました。助けが必要なんです。

セラピスト：

クライエント：前の夫のことで悩まされています。現在の夫といい関係にあるのに、頭から離れそうにないんです。

セラピスト：

別の可能性を含める方法

　その他の可能性（例外）を認め含むことは、インクルーシブセラピーの3つ目の基本的方法です。この方法は、クライエントの生活や状況において語られない複雑性が存在するということを認めるものです。この方法は、私たちやクライエントたちに、そのストーリーに別の一面（少なくとも）があるかもしれないということを、思い出させることができるのです。

1.11　正反対の可能性を包含し認める

語られていない正反対の可能性を述べてください。

クライエントが、はっきりとはわからない物事について、予言したり決定的なことを言う場合、私は皮肉や無価値化ではなく、正反対の可能性を包含する方法を見つけ出します。私は、自分自身が同じような予言や宣言をするのに気づいたときにも、正反対の可能性を包含するのです。

解決志向（solution-oriented や solution-focused）といった解決をベースにするセラピーを知っているあなた方は、問題のルールに関する例外を見つけるためのテクニックや方法を知っていると思います。お決まりの一つは、クライエントに、問題が起こりそうと予期されたが、起きなかった時のことを聞くというものです。

これらの例を考えてください。

「あなたは、自分がどんちゃん騒ぎをすると思ったが、その衝動に抵抗できたときのことを、思い出せますか？」
「あなたは、ジョンが静かに座っていることができて、あなたもしくは彼自身を驚かせたときのことを話せますか？」

実践：正反対の可能性を包含し認める
語られていない可能性や正反対のことについて、考えてください。

物理学者のニール・ボアーは公言しています。

「偉大な真実とは、その正反対のものもまた偉大な真実であるという真実

である。」

　クライエントが単一の考えによる真実を示すときには必ず、もし適切ならば、もう一つの可能性を、あなた自身やそのクライエントに思い出させてください。どのようなストーリーにも、たいてい少なくとも二つの面があるということを覚えておいてください。一般化された宣言や予言が出てきたときには、とても穏やかにていねいに、正反対の可能性を付け加えてください。この方法をとれば、セラピストもクライエントもこれらの一般化のわなにひっかかることはないでしょう。

用例
クライエント：もう二度と酒を飲みません。これまでとは違って、今度はやりますよ。
セラピスト：時間がたてばわかるでしょう。今回あなたは、やめるかやめないかのどちらかでしょう。あなたは前にも再び飲んでしまったことがありましたが、最終的にやめられた人はみんな、一度かそれ以上かけてやめているんです。今回はあなたの番かもしれません。

クライエント：私は決してもう恋に落ちたりはしません。恋愛関係はとてもきついです。
セラピスト：あなたはもう恋に落ちることはないかもしれませんが、もしあなたが恋に落ちたとしても、それはあなたがより良い選択をしたということになるでしょう。

　これは、クライエントが問題について相談するときに肯定的な面や解決にもっていくための、単なる応用的方法ではありません。これはまた、誤った考えに基づく、非現実的な肯定を見つける方法でもあるのです。クライエントとセラピストの双方が、非現実的な肯定に向かってしまうことがあります。

私は以前、セラピーのセッションについてのこのようなマンガを見ました。

クライエント：私はトンネルの終わりに光を見たと思います。
セラピスト：どうして、別の列車がやってきたのではないことがわかったのですか？

　正反対の可能性を認めることによって、セラピストとクライエントの両方が時々はまってしまう、軽率で浅はかな思い込みを和らげることができるのです。浅はかな思い込みは、つまずきや悪い情報の中に、私たちを準備のないままに置き去りにするかもしれません。

やってみよう！
クライエント：私は仕事につけるでしょう。きっとそうなります。
セラピスト：

クライエント：みんなバカですよ。他人への気づかいなんてしないんです。
セラピスト：

セオリー・ブレーク：私たちの知識の限界

　胃潰瘍がバクテリア（ヘリコバクター・ピロリ）によって引き起こされることを証明したオーストラリア人医師について読んだことがあります。それまで医師たちも一般の人たちも、胃潰瘍はストレスや不安によって引き起こされるという意見でした。この内科医（研究者ではなくただの一般内科医でした）が医学的な場でこの新しい考えを書いたり話したりし始めた頃、彼は笑いものにされ解雇されてしまったのです。彼はとうとう自分自身でピロリ菌を摂取するという手段をとり、その結果間もなく胃潰瘍が生じたのです。その後何年もかかりましたが、ついには彼の考えが真実だと他の人たちも納得したのです。胃潰瘍の患者からのサンプルを使ったその後の実験と検証によって、仮説は裏づけられました。今や、胃潰瘍はバクテリアによって引き起こされるというのが、一般的な見方です。

　この話のポイントは何でしょう？

　もしあなたが、何年か前に、胃潰瘍はストレスによって引き起こされると主張していたとすると、こう言えばリスクを分散して真実により近づけたかもしれません。「胃潰瘍はストレスによって引き起こされるが、全てがそうではないのかもしれません」。私たちの知識は、断続的に進歩するのです。真実を知っていると主張するたびに、私たちは真実のほんの一部や歪められた真実しか手にしていないのかもしれません。先ほどのことについて今の時点で私たちが言えるだろうことは、胃潰瘍はバクテリアによって引き起こされるが、しかしひょっとしたらほかの要因もあるかもしれないし、まだそのバクテリアの担っている役割について十分に明らかにされていない可能性がある、ということでしょう。なぜならば、すべての胃潰瘍にピロリ菌が見ら

れるかもしれないが、それらの原因に関与する隠された別の要因の存在を、いつの日か私たちは見つけるかもしれないからです。

　これは、サイコセラピーとは、どう関係があるのでしょうか？　セラピストは真実について主張を繰り返してきました。例えば、病状は神経学的な機能不全によって引き起こされます。病状は歪んだ思考によって引き起こされます。病状は混乱した社会もしくは家族の関係によって引き起こされます。これらはすべて真実かもしれませんし、そうではない（少なくとも完全にではなく）かもしれません。

　同じようにクライエントもまた、自分の問題を話すときには、その真実を主張するのです。

「受けてきた虐待を乗り越えることなんて、絶対できません［私たちの反応は、静かに考えることでしょう。もしくは、あなたは乗り越えるでしょう］」
「この結婚は終わりです。もう彼女のことは愛していません［もしくは、あなたは彼女を愛しています。もしくは、その結婚は終わっていません］」

　要点はつかめたと思います。何が真実であるかということを、私たちは確実には知らないのです。そして、将来何が真実となるかについても、確実には知らないのです。

　かつて私は、ジムというクライエントを担当していました。彼は精神科医から、ある特定の薬物療法を一生続けなくてはならないだろうと告げられたと話しました。その薬物療法はひどい副作用をもたらすということで、彼はとても落ち込んでいました。私は、将来何が起こるかは神のみぞ知ることであって、精神科医の中には自分を神と混同する人もいるけれども、将来のことを神様と同じように知る力など持ってはいないと、話しました。ジムは笑

いました。そして私たちは、薬物療法を続ける間の副作用にどんな対処ができるかを探っていったのです。

　重ねて、逆説のように聞こえるかもしれませんが、私たちは、自分たちがはっきりとは知らないということを確信できるのです。人生においては、現実や真実についてまるで確信しているかのように進んでいかなくてはなりません。しかし真実や現実についての現在の概念は、私たちがより多くを学ぶにつれて見直しが必要となるかもしれないということを少々、あるいは頭の隅に置いておくよう、私は提案しているのです。

1.12　逆説的な努力を用いる

症状や問題を、より悪くするように人々に勧めてください。

このテクニックは、ウィーンの精神科医でロゴセラピーの創始者であるヴィクトール・フランクルが普及させたものです。その起源は、かつてオーストリアで広まったある話と関連するのです。それは、どもる役の演者を必要とする劇を上演した高校についてのものです。そこの生徒たちは、クラスメートの一人がどもるのを知っていたので、本人がその役をしたいならば彼に頼もうと考えたのです。彼はいつも演じたいという気持ちを抱いていましたが、会話の障害によって、その可能性から除外される結果になっていたということがわかりました。チャンスを与えられて、彼は、その役を演じることに同意しました。しかしながら、舞台稽古になって、彼は、故意にどもろうとするとどもることができないと気づきました。フランクルは、この話を聞き、吃音の患者たちに対して、同じような努力をするように提案しました。そのうちの何人かにおいて、この方法が吃音に役立つということがわかると、フランクルはそれを他の問題にも試み始めたのです。彼は、特に不安が含まれる問題に対しては、逆説的な努力が効果的なことが多いということを発見しました（もちろん、そうでない場合を除いて）。彼はインポテンツの問題（性的に興奮したり勃起しないようにしてください）、不眠症（起きているようにしてください）、パニック障害や恐怖症（もっと怖がるようにしてください）に対して用い、成功しました。

私はかつて、ニーナという19歳の女性を担当しました。彼女はほとんど家に引きこもっている状態でした。彼女は、外出先ですぐにでもトイレに行けないとパンツを濡らしてしまうだろうと、恐れていたのです。彼女はその恐れが非合理的とわかっていましたが、しかし依然としてその考えは大いに彼女を制

限していました。彼女と並んで座り（付け加えますが、私の布張りのカウチ）、私は、彼女の問題について最も驚くべき出来事は何であったかを尋ねました。彼女の説明は、逆説的な努力の効果を明らかにするものでした。

　ニーナの両親は離婚しています。母親のジェリーは、ニーナの恐れに同情的でした。彼女は母親とは車に乗ることができました。ジェリーは、彼女が求めると、すぐに車を止めてくれたからです。それでニーナは入念に計画を立て、道沿いのすべてのトイレの場所を知っているルートでのみ車に乗ることができるのでした。ジェリーは離婚で経済的な問題をかかえていたので、この母子は、父親に対して共通の恨みによって結ばれていました。父親は、彼女たちよりもかなりたくさんのお金を持っていたのです。

　ある日、父親が、新車で小旅行に行こうとニーナを説得しました。彼女が求めたら必ず停車することを父親が約束して初めて、ニーナは同意しました。しかしながら、ニーナが車に乗ってしまうと、彼は高速道路を走り出し停車しないようでした。運転しながら父親は、「おまえの恐れはばかばかしい」と言い、母親のように彼女の「狂気」を許すこととはしませんでした。ニーナはパニックになりました。泣き叫び、パンツを濡らしてしまう前に車を止めてくれと懇願しました。父親は「おまえがパンツを濡らすことができたら、今すぐ500ドル払ってやる」と言ったのです。

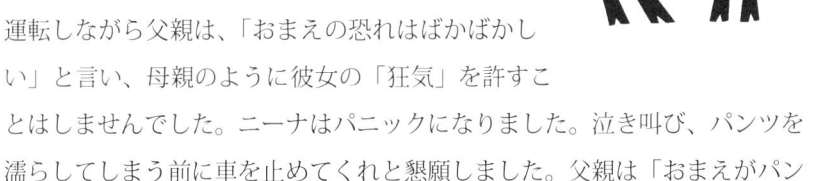

　ニーナは本当に父親に腹を立てていたので、彼の新車の内装におもらしをして、いくらかのお金を手に入れてやろうと思ったのです。しかし彼女は、わざとしようとすると、排尿の強い衝動はすっかりどこかに消えてしまうということを発見したのです。

実践：逆説的な努力を用いる

　クライエントが変えようとするときに、より悪くなったり変化しないのはどの症状や問題かを見定めてください。それから、努力の方向を逆転させるよう、クライエントに勧めてください。これには、人が変化しようとするのを止めさせたり、問題が悪くなるようにさせることも含まれるのです。

用例

クライエント：もしあの子に電話してデートに誘おうとしたら、僕は気絶するのではないかと不安です。

セラピスト：はい、それでは彼女に電話する前に自分自身を恐れさせるようにして、そして電話の前に気絶してしまうかどうかを確かめてみてはいかがですか。倒れてもよさそうな、やわらかい場所を選んでください。彼女に電話することを考えて、それから自分をパニックモードに入れて気絶するのです。

クライエント：彼女のヴァギナに入れはじめると、勃起しなくなるのです。

セラピスト：わかりました。あなたにある実験をしてもらいたいと思います。あなたがたお2人がセックスしようといちゃつき始めたら、興奮を自分自身で抑えてみてください。ペニスもできるだけ縮んだ状態に保ってください。

　この応用的な方法の使用上の注意です。

　有害、違法、もしくは破壊的な行動を提案しないでください。この介入は主に、思考や感情を包含し受容するもので、行動に関するものではありません。ですから、もっと頻繁に自殺を試みるようにとか、自傷を上達させるように、といった提案はしないでください。自殺や自傷などの問題に含まれる考えや感情に、この方法を使うことにも注意を促したいと思います。

やってみよう！

クライエント：真夜中に目がさめると、心が堂々巡りするのを止められないのです。眠れなくなり、朝には疲れ果ててしまうのです。

セラピスト：

クライエント：前の夫のことで悩まされています。現在の夫といい関係にあるのに、頭から離れそうにないんです。

セラピスト：

すばらしい知能とは、
2つの正反対の考えを同時に心に抱くが、
それでもうまくやれる能力である。
──スコット・フィッツジェラルド

第2章

関心と変化

　セラピーが挑戦することの一つは、クライエントの現在に関心を示し受け入れることと、変化させようと挑戦していることの、両方のプロセスのバランスを保つことなのです。

　カール・ロジャースは「クライエント中心療法」において、無条件の肯定的関心をもって人々をそのまま受け入れることが治療的効果を持つと指摘しました。しかし、セラピーに従事している私たちは皆、そのような受容では、変化を引き起こすには十分でないことが多いと気づいています。

　一方で、人々は、自分の現在の感情やものの見方が聞き入れられたり関心を示されていると思えないならば、変化することに対してしばしば抵抗します。防御的になって閉じこもってしまうのです。これに対して、受容と温かな理解で迎え入れられると、人々はしばしば居心地よい受動性に落ち着くのです。セラピストが、クライエントに挑戦しようが、そのまま受け入れようが、結果は同じ、停滞かもしれません。

　そこでこの章では、受容と挑戦、関心と変化、承認と可能性のバランスについて述べます。この応用的な方法やテクニックは、実は第1章で概説した

３つの基本的な方法のバリエーションなのです。

　ほとんど禅問答のような逆説的な言い方ですが、セラピストは、その人が存在する場所でその人を受け入れねばならず、そしてクライエントに変わるよう求めることをあきらめねばならない、と私は提案します。同時に私たちは、彼らが新しい可能性に手を伸ばすように、変化し挑戦するよう勧めなければならないのです。

　さらに、このアイディアの複雑さと巧妙さをうまく折り合わせようとすると、言葉はほとんど私たちを置き去りにしてしまいます。私はこの方法を「カール・ロジャースの変形」と呼ぶことがあります。ロジャースのクライエント中心療法が提供する最良のものと、より指示的に見えるその後の発展の可能性とを、組み合わせたもののようだからです。

　こういう発言を聞いたことがあります。

　「君の行くところに、君は到着できるように、君はしなければならない。」

　これは、この章の本質を捉えています。

　それでは、関心と変化の５つのテクニックを次に述べましょう。

2.1 過去時制で認める

　その人の感情、問題、見方をあなたが聞いたもしくは受け入れたと相手に伝え、その上でそれらを過去に位置づけてください。

　セラピーに来る人はたいてい、変化に気づかないほど悩んだり身動きがとれなくなっているのです。彼らは、変化が起こることを期待しないほど失望しているのかもしれません。彼らが変化を起こしたり変化に気づいたりできるようにする方法の一つは、問題や感情や見方を過去の中で少しだけ動かすことなのです。これによってしばしば、現在と未来の可能性のための余地が開かれます。クライエントに、物事は変化してきていること、もしくは変化させられるということ、を示せるのです。

実践：過去時制で認める
　争点や問題は過去のことであり、現在と未来が他の可能性を提供すると暗示するために、クライエントが話したばかりのことについてあなたが理解していることを、過去時制を使って述べてください。

用例
クライエント：フラッシュバックが起こるといつも、自傷しなければいけないように思ってしまいます。
セラピスト：フラッシュバックが起こったときに、あなたは自傷せざるを得ない気持ちになっていたんですね。

クライエント：彼は、私たちが頼むことを全然しないんです。

セラピスト：そう、あなた方が頼んでいたことを、彼はしてこなかったのですね。

概して、このテクニックを用いるときは、クライエントが非難したり落胆していると思われることに注目します。例えば、クライエントが次のように言ったとします。

「私は悲しい」

「あなたは悲しんできたんですね」と必ずしも返答するわけではありません。

その人が例えば次のように言う場合に、このテクニックをよく使います。

「カウンセリングは、彼には絶対役に立ちません。彼は全然融通が利かないんです」

私はこう返します。

「彼は全然融通が利かないので、変わらないように、あなたには思えたのですね」

私はたいてい、不可能性や非難の申し立てを、この介入の対象とするのです。

この章では、同じクライエントの例を何度も使います。同じ申し立てに対していかに多くの異なる返答ができるかを学ぶことは、面白いと思います。また、「あなたの」異なった返答は、あなたがこれらの方法を区別するの

助けると思います。

やってみよう！
クライエント：私は自己主張ができません。緊張してしまうんです。
セラピスト：

クライエント：セックスしようとすると、腰から下の感覚がなくなってしまうのです。
セラピスト：

2.2　全体的ではなく部分的な反応で認める

　応答を通して、その人の申し立てを、全体的でオールオアナッシング的な言い方から、より調節された部分的な言い方へと変化させてください。

　人々はある問題を体験しているとき、しばしば、その問題を全体化するのです。
・「全て」が悪くなっています。
・「誰も」私をわかってくれません。
・「何も」役に立ちません。
・私は「絶対に」黙ってはいられません。

　たとえそのフレーズが明らかに全体的というわけではなくても、その背後にある発想は全体的なのです。
・私は自傷を「しなくてはならない」。
・私は落ち込んで「います」。

　これらが暗示する内容は、次のようなことです。
・私は「いつも」自傷をしなければなりません。
・私は「いつも」落ち込んでいます。

　より教育的な考えに基づくアプローチとは異なり、私はクライエントに、一般化しないようにとか、歪んだ思考について反省するようにと教えたりはしません。私は「全体化」や「歪んだ思考」の概念を説明しないのです。セッションとセッションの間、クライエントが自己の語り（セルフトーク）を見直して、それを変化させるように勧めることもありません。ただ彼らが話したことを返し、それを少しだけ調節するのです。全体化や一般化を小さくしながら、しかしそれでも彼らが感じた彼らの体験と一致させるのです。

実際は、私の反応が矮小化やあまりに楽観的なものととられると、クライエントはより頑固になり、全体的な反応をすることが多いのです。私がこう言ったとします。

「そうですか。時折あなたは落ち込むのですね。」

するとクライエントはこう言うかもしれません。

「時折ではありません、いつもなんです！」

私は通常、ほんの小さな調節しかしません。オールオアナッシングから、「いつもは」「たいていは」「しばしば」「大体の場合」「主として」などに調節するのです。ほとんどのクライエントは、この言い回しでの変化に気づきさえしません。しかしこのわずかな変化は、彼らに新しい可能性を開き、一般化の例外に気づくのを可能にするのです。

実践：全体的ではなく部分的な反応で認める
修正されたより全体的ではない言葉やフレーズを使って反応する時には、その人の全体的な申し立てを少し変えてください。

用例
クライエント：私には、チャンスが全然つかめないんです。
セラピスト：大体の場合、あなたのやり方ではうまくいかなかったのですね。チャンスをつかむのは難しかったでしょうね。

クライエント：彼は、私たちが頼むことを全然しないんです。
セラピスト：彼は、あなたが頼んでいたことのほとんどを、してこなかったのですね。

ここで使われている言葉は通常、時間や数の上での調節なのです。この方法を反映したいくつかの語とフレーズを列挙します。

- いつもは
- しばしば
- 大部分は
- 多数の
- 典型として
- ほとんど
- 最近
- 大体
- かなり
- まれに
- 少しの
- 近頃

やってみよう！
クライエント：私は自己主張ができません。緊張してしまうんです。
セラピスト：

クライエント：セックスしようとすると、腰から下の感覚がなくなってしまうのです。
セラピスト：

2.3 現実や真実の申し立てを知覚に変えて認める

　真実や現実であるというその人の主張を、真実や現実についての、より個人的な知覚や感覚として応答してください。

　問題を抱えている人は、真実や現実についての個人的な感覚をたいてい持っており、それと真実や現実（そのもの）を混同しているのです。「私は仕事につけない」は真実の申し立てではありません。もちろんその問題を体験している人にとっては、これらの申し立ては真実のように感じられますし、現実を反映しているように感じられます。しかし変化を仲介する者としての私たちの仕事の一部は、これら一見変化不可能な事柄が変化可能であると、人々が気づくように手助けすることなのです。

　この目的のために、クライエントが話すことを、永遠の変化不可能な真実ではなく、物事についてのその時点での彼らの見解の申し立てとして、私は応答するのです。

実践：現実や真実の申し立てを知覚に変えて認める
　人々を操作しようとしたり、その状況についてのより楽観的なあなたの評価を受け入れるようその人に強制するのではないことを覚えておいてください。あなたは、彼らの知覚がすべての可能性を考慮に入れているのではないということをただ単に（そして巧妙に）示すのです。あなたは彼らに応答することで、それは彼らがその時点で見たり感じたりしていることなのだと気づかせるのです。

用例

クライエント：私にはチャンスがつかめないんです。
セラピスト：状況があなたに不利なように、あなたには思われるのですね。

クライエント：彼は、私たちが頼むことを全然しないんです。
セラピスト：あなたには最近、彼があまり協力的には見えなかったのですね。

　この最後の応答は、これまでに述べた3つの応用的な方法のすべてを盛り込んだものであることに注目してください。クライエントに関心を示さなかったり敬意を示さなかったり、彼らの苦しみを軽視するようなことさえなければ、これらのアプローチを自由に組み合わせてください。

　このテクニックを反映するフレーズをいくつか列挙します。

・あなたの感じは……ですね。
・あなたは……を思い出せないのですね。
・あなたは……と考えてこられたのですね。
・あなたの見方では……ですね。
・あなたが言える限りでは……ですね。
・あなたには……と思われるのですね。
・あなたは本当に……と思ってこられなかったのですね。
・あなたが見てこられたことから言って……ですね。
・あなたが体験してこられたことから言って……ですね。
・あなたのものの見方からすれば……ですね。
・あなたは……とかなり確信しているのですね。

やってみよう！

クライエント：私は自己主張ができません。緊張してしまうんです。

セラピスト：

クライエント：セックスしようとすると、腰から下の感覚がなくなってしまうのです。

セラピスト：

セオリー・ブレーク：
３Ｄモデルとインクルーシブセルフ

　大学院生のころ、私はJ.ピアジェの理論を勉強しました。私たち人間が、比較的予想可能な段階の連続によって、現実感や自己をいかにして作っていくかということを示したのが、彼の発達理論でした。

　ピアジェによれば、初め乳児は他人を含む世界と自分自身を区別していないといいます（それはまるで、あたかも幼児は生来の仏教徒のようです。仏教徒は、自分自身と世界をひとつのものとして体験するのです）。社会適応が進む過程で、私たちは環境や他人と自分自身を区別し始めます。私たちは徐々に、生の体験の中からアイデンティティの感覚を構成するのです。そし

拡散した自己の感覚と境界

境界への侵害　　関心を向けない

性的・身体的虐待　　同一視された自己（アイデンティティー・ストーリー）　　分離され、価値下げられ自分のものでないとされた側面

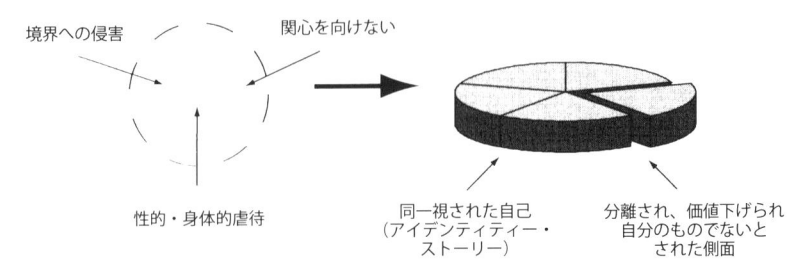

図2.1　３Ｄモデル

てたいてい私たちは、自分で構成するアイデンティティのストーリーの中に生の体験の多くを包含するのです。

他のストーリーと同じように、このアイデンティティのストーリーは、包含できることすべてを包含するわけではありません。体験のいくらかの側面は、除外されるのです。それは、それらが主たるストーリーに合わないためです。また、私たちが恥じているために除外される側面や、何らかのトラウマに対する反応として分離される側面もあります。私はこのプロセスを「3Dモデル」と呼びます。それは、私たちが、分離したり（dissociate）、自分のものではないとしたり（disown）、価値を下げたり（devalue）しがちなことなのです。

私たちは、自分自身や自分の体験の一側面を、切り取ったり（分離）、自分のアイデンティティの一部だと主張しなかったり（自分のものではないとする）、価値を下げたり（ある側面は悪く、根拠がなく、価値がないと、何らかのレベルで決める）するのです。私たちは自分のある側面しか同一視せず、残りは同一視から除外されるのです。

例えば、ある人が、子どもが死んだことのある家庭で育ったとすると、そこでは、死や悲しみは禁じられた話題かもしれません。その価値下げられた死に対する感情や記憶は、その人の分離された側面となるでしょう。

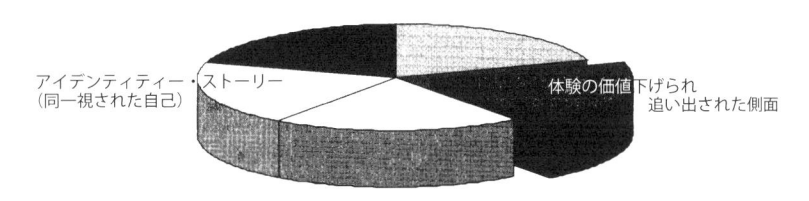

図2.2　3Dモデル:体験の分離され、自分のものでないとされ、価値下げられた側面

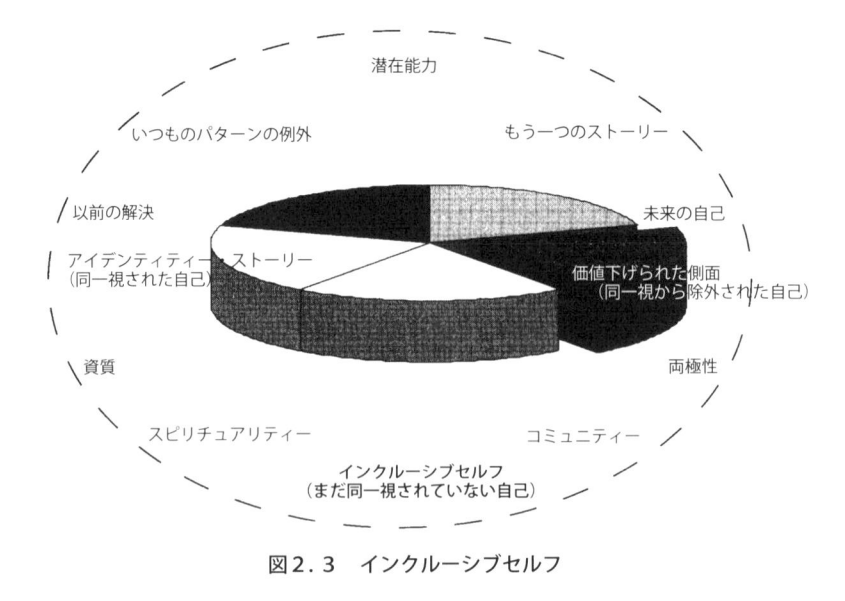

図中:
- 潜在能力
- いつものパターンの例外
- もう一つのストーリー
- 以前の解決
- 未来の自己
- アイデンティティーストーリー（同一視された自己）
- 価値下げられた側面（同一視から除外された自己）
- 資質
- 両極性
- スピリチュアリティー
- コミュニティー
- インクルーシブセルフ（まだ同一視されていない自己）

図2.3　インクルーシブセルフ

　また、性的なことは悪いこと、恥ずべきこととして扱う家庭で育ったとすると、セックスはアイデンティティのストーリーから追い出され引き離されて、価値を下げられ、分離され、自分のものでない側面とされるかもしれません。

　念のために申し添えますが、これらの体験や自己の断片は、消え去るというわけではありません。それらはただ分離され、アイデンティティのストーリーに統合されないというだけです。

　そこで、初めは360度あった自己が、例えば267度の自己になってしまうのです。しかし、そのストーリーの周りには常に本来の生の体験の材料があり、そこには私たちがまだ発展させていない潜在力が含まれているのです。私はこれを「インクルーシブセルフ」と呼びます。

　乳幼児は初め、自分の感情や感覚、記憶、思考といった自分自身の側面を

区別するのに必要な名称や体験を持っておらず、自己の個々の感覚も持っていません。私たちは言語や文化的な概念を用いて、彼らがこれらの区別をできるよう手助けし、ひいては、未分化な体験という生の材料から、彼らがアイデンティティを構成するのを手助けします。私たちはまた、個々のアイデンティティの感覚や、自身の統合された感覚の構成を手助けするのです。これらは「私の感情」「私の思考」「私の記憶」などです。

　私たちの多くは、それでも、自分自身のいくつかの側面について、恥じたり困惑したりしています。もしあなたがカトリックの司祭であったら、おそらくは、自分の持ついかなる性的な考えや感情も受け入れがたいものと決めつけるでしょう。その性的な考えや感情が、あなたに純潔の誓いを破るようにそそのかすからかもしれないし、それらは悪魔によるものとみなすからかもしれないし、それらがいくつかの不適切なイメージを含むからかもしれません。結局、下記のようなアイデンティティから、これらの思考や感情、イメージを分離させることになるのです。

　「これらの感情は私ではない。私はこのようではない。私はこれらの感情やイメージを頭の中から追い出すために、もっと祈らなければならない」

　これは、ほとんど反自己（アンチセルフ）となります。それ（この「それ」というのは興味深い語です。それは「わたしではない」を意味するからです）は、何らかの形で、抑制され、隠され、破壊されなければならないのです。それは悪しきもので、受け入れられないものなのです。

　まだ同一視されていない自己とは、拡大された自己の感覚であり、私たちの体験の中の矛盾し複雑そうに見える現実を、包含し許すことができるものです。

「私は寛大で、そしてわがままです。私はおびえていて、そして平静です」

このまだ同一視されていない自己にはまた、それがアイデンティティのストーリーのなかでうまく表わされない情報も含まれています。例えば、いつも不安な人が平静になることができる時についての情報や、落ち込んでいる人が笑ったり活力を感じたりする時についての情報があるのです。

第3章でスピリチュアリティについての話題に触れますが、この「より大きな自己」に関してさらに述べます。

このインクルーシブセルフは、私たちがインクルーシブセラピーを用いる時に、豊穣さを引き出す源泉なのです。私たちは、アイデンティティのストーリーにいまだ含まれていない自己の側面を引き出そうとするのです。インクルーシブセルフには、以下のものが含まれます。

・問題についての例外
・自分自身や未来についてのもう一つのストーリーへのつながり
・両極性（polarities）、資質、潜在能力
・自己の「影」

自己の「影」は反自己なのです。その側面は、私たちとはまったく異なっているように思われますが、しかし私たちの体験の中に時々姿を現わすのです。ソングライターのビリー・ジョエルはこの側面を「ストレンジャー」と、同名の歌の中で呼んでいます。ストレンジャーはたいてい都合の悪いときに現われるのです。そしてそれは、自分自身や他人から隠したい自分の一部分なのです。影や内的なストレンジャーは特に分離さ

れ価値を下げられるのですが、しばしば侵入的に現われます。それは私たちがすぐに影響されるようなやり方なのです。

インクルーシブセラピーでは、クライエントがそれまでに含めたりつなげたりしてきた体験を、もっと価値付け、含めるように試みるのです。

もしその人が、自分自身や体験の側面から何かを分離し、それらを自分のものでないとし、あるいは価値を下げていたら、2種類の問題のうちの一つを体験していることが多いのです。

- **抑制問題**では、彼らは、何らかの無感覚や行き詰まり、減少を感じています。
- **侵入問題**では、彼らは、ある種の感情やイメージや衝動に支配されたり、押しつけられたり、強制されていると感じています。

それはまるで、一緒に暮らすルームメート仲間たちが、その中の一人は受け入れられないので出て行ってもらわなければならないと取り決めるようなものです。ある夜、多数派は共謀して、彼を捕え、ドアの外に放り出すのです。追い出されたルームメートは家に戻ろうと試みますが、残った人たちは彼を入れたがりません。彼はドアを連打し入れてくれるように頼むのですが、無視されます。しばらくすると、彼は中に入ろうとするのをあきらめて、ドアにもたれかかるのです。そのもたれかかった姿が、抑制の側面なのです。拒否されたルームメートはどこかに行ってしまったようです。しかししばらくたつと、何とかして家に戻ろうとするのです。それで彼は窓を壊し、よじ登ります。抑制は、侵入になるのです。

セラピーの領域で、これをより明らかにするために、子ども時代のことを十分に思い出せない人のことを考えましょう。突然、その人は侵入的なフラッシュバックに見舞われるようになるのです。あるいは、クライエントの一人

であるサンディの例を考えてみましょう。彼女は怒りを体験したり表出することができなかったのです。彼女はこの領域においてまさに抑制されていました。しかしその抑制は、ある日彼女の子どもの一人がきょうだいげんかをして彼女に助けを求めて叫んだときまででした。サンディは部屋に入ると、子どもたちに向かって叫び始めたのです。子どもたちはショックを受けました。なぜなら彼女は決して怒らないはずだったからです。しかしながら、この時サンディは、部屋の向こう側にランプを投げつけるほど激怒したのです。抑制には、侵入が続くのです。

　インクルーシブセラピーは、この行方不明のルームメートを呼び戻すことによって、これらの問題を扱うようにデザインされています。つまり、その人が体験の中で、分離したり、価値を下げたり、自分のものでないとしているようないかなるものに対しても、招待し、許しを与え、含んでいくのです。

2.4　問題を望みに換えて応答する

　その人が言ったことを、過去の不満というよりも未来に望むこととして、その人に返してください。

　問題はたいてい過去の一部分です。セラピストとしての私たちの仕事の一つは、クライエントとその問題に対して共感と理解を示すとともに、彼らを未来に招待することです。問題はすでに起こってしまったことです。未来においては、物事は違うようにできるのです。

　このテクニックは、応答によって効果を発揮します。主眼点を過去から未来へと巧妙に転換するのです。その人がしたくないことから、したいであろうと思われることへと転換するのです。誰かがこう言うかもしれません。

「彼は私の言うことを全然聞きません」

　私はこう返すかもしれません。

「すると、あなたは彼にあなたの言うことをもっと聞いてもらいたいんですね」

　クライエントがこう言います。

「とても不安で、外出できません」

　私はこう返すかもしれません。

「すると、あなたは、もっと平静でいられて、もっと気楽に頻繁に外出できるようになるために、ここへ来たんですね」

これらの応答には、いくつかの要素が含まれます。

1．主眼点を、過去から未来へと転換します。
2．主眼点を、クライエントがしたくないことからしたいことへと転換します。
3．失うことではなく、得ることについて語ります（例えば、「あなたは不安を少なくしたいんですね」よりも「あなたはもっと平静になりたいんですね」）。
4．大きな変化よりも、変化が少しずつ大きくなっていくように述べます（すなわち、「不安から完全に免れたいんですね」よりも「もう少し気楽になりたいんですね」）。

実践：問題を望みに換えて応答する

　クライエントが語ったことを、過去の問題ではなく未来への願望や目標として、言い換えてください。

用例
クライエント：私にはチャンスがつかめないんです。
セラピスト：あなたは、いくつかのことを、あなたのやり方で成功させたいんですね。

クライエント：彼は、私たちが頼むことを全然しないんです。
セラピスト：あなたに頼まれたことのいくつかを彼がするのを、あなたは見たいのですね。

あなたは、言い方を「何かがないこと」から「何かがあること」に変えるのに、少しばかり練習が必要かもしれません。そして、その方法を見つけられなくても、心配しないでください。肝心なのは、クライエントの体験に関心を向けながら、彼らを過去（および彼らが望まないこと）から未来（および彼らが望むこと）へと、切り替えさせることなのです。

やってみよう！
クライエント：私は自己主張ができません。緊張してしまうんです。
セラピスト：

クライエント：セックスしようとすると、腰から下の感覚がなくなってしまうのです。
セラピスト：

2.5 変化への期待や可能性を加えながら認める

「未来において変化は可能であり期待できる」という感覚を与える語やフレーズを加えながら応答してください。

かつてミルトン・エリクソンが、期待トークを用いて催眠誘導を行なうのを見たことがあります。彼はこう言いました。

「今夜、私はあなたにあまりに速くトランスに入ってほしくないのです。無意識の心がトランスに入っている間に変化するであろうということを、トランスに入る前にあなたと話し合っておきたいと思います。……そんなに急がないでください。……そうです、より深くトランスに入るために時間をかけてください」

このような感じでした。彼は被催眠者に、トランスに入るよう直接的な指示はしませんでした。それはすべて暗示で行なわれたのです。

この応用的な方法では、これと似た感性を必要としています。人々は期待と暗示によって影響されるのです。セラピストは、関心を示すための基本的な応答に、期待の感覚を加えるのです。

実践：変化への期待や可能性を加えながら認める

このテクニックを習得するためには、期待を伝えたい相手がすでに変化を達成した人だと想像することが、あなたの助けになるかもしれません。

例えば、あるクライエントが女の子をデートに誘えないと言うと、あなたは彼がすでに女の子とデートできたものと想像して応答するのです。

「女の子をデートに誘うとき、あなたは、何かを成し遂げて自分が勇敢になったかのように感じるでしょうね」

すでにそれが起こったものとして視覚化しているので、あなたはそれが起こるであろうと期待をもとに話すことができるのです。

用例
クライエント：私にはチャンスがつかめないんです。
セラピスト：あなたはいままでのところは、チャンスをあまりつかんでこられなかったのですね。

クライエント：彼は、私たちが頼むことを全然しないんです。
セラピスト：彼が協力的に見えるとき、あなたには進歩してきていることがわかりますね。

このテクニックを反映したいくつかの語やフレーズを列挙します。

・まだ
・いままでのところは
・〜の後で
・〜のとき

やってみよう！

クライエント：私は自己主張ができません。緊張してしまうんです。

セラピスト：

クライエント：セックスしようとすると、腰から下の感覚がなくなってしまうのです。

セラピスト：

われわれが自己の内面において正当性を否定した箇所と、
これからどこへ行くべきかを指し示す鍵との間には、
いくらかのつながりがあるように見える
　　　　　　　　　　　　──デイビッド・ホワイト

第3章

スピリチュアリティと
インクルーシブセルフ

　インクルーシブセラピーはスピリチュアリティに関連している、と私は考えています。ここでいうスピリチュアリティとは、自己の内側へ、自己を超越したものへと、私たちを導き、つなげるもののことです。

　私たちは普段限られた範囲の中で生活していて、とるに足らない興味やエゴにとらわれているために、日常の生活を超える感覚があることを時々忘れてしまいます。自分自身の中に小さく閉じこもり、自分の身体や、より深い自己と触れ合うことから遠ざかっていることがあります。また、他の人々や世界との接触を絶ち、自分の世界を狭くしていることもあります。そのために、すべての存在を結びつける宇宙の力につながることができずに、自分を狭めてしまうこともあるのです。

　3Dモデルのところで取り上げたように、インクルーシブセルフには矛盾性、両極性、複数性、対比性、に対応する領域があります。ここではそれを、インクルーシブセルフのスピリチュアルな概念を含むように拡張したいと思います。

　スピリチュアリティについて取り上げるのは、勇気のいる、

刺激的なことです。スピリチュアリティは神聖で神秘的で、それを明確にするのは、フルーツゼリーを木に釘で打ちつけるのと同じくらい難しいのです。でも私は、多くの人にとって理解しやすいスピリチュアリティへのアプローチを見つけました。この方法ではスピリチュアリティをカテゴリー化しながら、同時にその本質的な複雑さをも十分に内包することができるのです。それでは始めましょう。

スピリチュアリティとは、人間の小さな限られた自己（または自我）を超えたものとつながっているときに感じるものだと私は思います。それは、「小さな自己」、パーソナリティを超えることから始まります。「より大きな自己」の経験をもたらすようなこと、あるいはパーソナリティの限界を超えたものはどんなことでも、スピリチュアリティの構成要素でありえます。

ディーン・オーニッシュは、こう言っています。

「私がスピリチュアリティと言うとき、必ずしも宗教的なものを意味しているのではない。それはあなた自身を超えて、より大きなものとのつながりを感じることを助ける全てのものを意味している」と。

前章までの題材の多くは、スピリチュアルと見なすことができるでしょう。たとえそれが解決、可能性、あるいはインクルーシブな言葉、方法論についての議論のように見えるとしても、です。インクルーシブセラピーでは、セラピーを始めた当初にそう見えるほど、クライエントは制限されてもいないし、小さくもない、と私たちは考えているからです。人々には力がなく、行き詰まっていたり制限されている、という感覚にひっかかると、私たちはより大きな現実や可能性を有効に利用することを忘れてしまいます。けれどもこの章では、より大きな自己、インクルーシブセルフを、明らかにスピリチュアルな方法論によって、さらに有効なものとするでしょう。

3.1 身体とつながる

その人が身体とつながる方法を見つけるのを、助けてください。

人はしばしば、トラウマや羞恥のために、自分の身体を無視したり、身体との関係を絶ってしまいます。この世界において私たちは、身体を持つことで存在しています。私たちは身体と深くつながることで、自己の内部にある、いっそうインクルーシブな感覚へと導かれるのです。それは世界に対してもっと開放的な関係を結ぶのと同じことです。身体とつながる方法は、その人の好みによっていろいろです。ランニング、ウェートトレーニング、競技など、活動的な方法を好む人がいます。ダンスなど審美的な方法を好む人もいます。またある人たちにとっては、グルメ、セックス、粘土による製作、バブルバスなど、より感覚的な方法が好ましいのです。

おそらく身体とつながるのを助ける一番シンプルな方法は、「過去にどのようにして身体とつながったか、あるいは大体いつもどのようにしてつながることができるのか」を本人に聞くことでしょう。もしその人がふだんよく使う方法がなかったら、先に述べた方法を提案することもできるのです。

実践：身体とつながる

その人がより身体化すること、つまり感覚や身体的経験に対して、よりつながりを持ち、自覚的になるよう助ける方法を見つけてください。そのためには前章までの方法を見直して思い出してもよいし、あるいは身体的つながりに到達するための新しい方法をいくつかやってみることもよいでしょう。ゲシュタルトセラピーの創始者であるフリッツ・パールズは、「考えること

を止め、感じることに従いなさい」とよく教示していました。彼のこの言葉は、多くの人たちは頭で考えすぎて、感覚的な経験に注意を払うのを忘れているということを意味しています。

用例
クライエント：私は性的虐待を受けました。自分の体にはあまり注意を向けていません。私はしょっちゅう家具にぶつかってばかりいます。私は、自分の体の感じがつかめないようなんです。
セラピスト：あなたが、いい感じで体とつながっていると感じるときについて話していただけませんか。

クライエント：私たちの関係が壊れてから、肌と肌を合わせる抱擁の感触が恋しいのです。
セラピスト：マッサージを受けてみたことはありますか？

　おそらくこのタイプの反応を引き出すのに一番よい方法は、あなたの知っている人（友人、家族、同僚、クライエント）に、身体とつながるためにいつもやっていることや、身体とよい関係を持てていると最も感じる瞬間について聞いてみることでしょう。これらの答えのリストを作り、クライエントが身体とつながるための手がかりを持っていないようならば、それを利用できるようにしておきましょう。

やってみよう！
クライエント：ものすごく太ってしまったので、鏡に映った自分の体を見るのもいやなんですよ。
セラピスト：

クライエント：セックスしようとすると、腰から下の感覚がなくなってしまうのです。
セラピスト：

3.2　より深い自己、魂、スピリットとつながる

　その人が、自己の最も深いところにある感覚やそこに含まれる叡智とつながる、あるいはつながりを取り戻すよう助けてください。

　ミルトン・エリクソンに師事していたとき、私は彼が宗教にあまり関心を持たないことに気づきました。彼は、魂とかスピリットという言葉を使いませんでした。でも彼は、われわれの内面深いところにある叡智にほとんど宗教的な敬意を払っていたのです。彼はそれを無意識の思考と呼んでいました。

「あなたの無意識を信じなさい」

彼は、こう唱えたものでした。

「それはあなたよりも多くのことを知っている」

　私には、その彼の言葉は魂を意味していました。彼は、魂という単語そのものを口にはしませんでしたが。

　ここで言っているのは、合理的、論理的思考から導かれた結論を超えたもののことです。それは、人生を通じて学び、観察してきたことの積み重ねのようにも考えられるでしょう。でもおそらくそれは、我々が生まれつき持っている叡智なのです。子どもたちの中には、思慮深い老成した魂のように見える子もいます。そうした子どもたちは、年齢を超えた叡智を持っているように思われるのです。

そして、この深い叡智に至るにはさまざまな方法があります。普通一番良い方法は、そのために行ないたい方法をその人自身に尋ねることです。もしも適切な方法を知らなかったら、瞑想、日記を書くこと、静かに座ること、呼吸に注意を払うこと、静修など、より深い自己を取り戻して触れるために使う方法を提案するとよいでしょう。

実践：より深い自己、魂、スピリットとつながる
　その人が、最も深い叡智と、自己についての直観的な知識への道をたどる方法を見つけるのを助けてください。

用例
クライエント：誰かから何かをするよう頼まれた時、私は反射的に同意してしまいます。後になって、自分にとって何が本当に正しいかということに触れる機会があって初めて、それが私にとって正しかったかどうかがわかるということがよくあるのです。
セラピスト：私も同じようなパターンを経験しました。私は、「お答えする前に一晩考えさせてください」と言うようにしました。どういうわけか、それほど考えたわけではない時も、次の日までには、たいてい答えが浮かんでいました。こんな風なことは、あなたにとって役立ちそうですか？

クライエント：私は、なぜこんな仕事を選んだのか、わからないのです。私は疲れ果ててしまっているんです。
セラピスト：自分が支離滅裂になっていると感じる時、深い内なる自己に触れるために、いつもどんなことをしていますか？　瞑想ですか、日記を書くことですか、散歩ですか、それとも何かほかのことですか？

このテクニックを習得する最も良い方法の一つは、あなたの知っている人たち（友人、家族、同僚、クライエント）に、自分自身と深いつながりを持つためにいつもどうしているかを尋ねてみることです。同様にあなた自身、内なる叡智とつながるためによく行なっている方法を自問してみることです。これらの事柄のリストを作って、クライエントが内なる自己やスピリットとつながるための手がかりを持たないときに、利用できるようにしておきましょう。

やってみよう！
クライエント：私はどうしていいかわかりません
セラピスト：

クライエント：私は大学院に戻りたいと考えていますが、それが正しい方向性なのか、確信が持てないのです。
セラピスト：

3.3 他の存在とつながる

その人が、ある存在と深く深遠なつながりを持ち、つながりを取り戻すよう助けてください。

私は息子が生まれる時に立ち会い、とても深遠なつながりを感じたことを覚えています。それから1週間、ある一連のイメージと空想に私は悩まされました。その中で妻と息子は何者かに襲われていて、私は2人を守るために反撃し、時には相手を死に至らしめることもありました。このイメージは私を多少混乱させました。なぜかというと私は平和的な男で、そんな傾向はないからなのです。にもかかわらず私は子どもが生まれた直後に、そのようなイメージを抱いたのです。でもやがて、私はそのメッセージの意味を理解しました。「私はこの小さな子のために死んでもいい」。私はそれから、自分よりも他の存在のために生きてきました。

私たちの多くは、人生の中で何度かこのような体験をしています。私たちは親、子ども、友人、教師、もしくは他の誰かと深いつながりを持っています。私たちはそれによって、自分を超えたものとつながっているのです。

私は以前このテクニックを、「他者とのつながり」と呼んでいました。でもそれは、自殺念慮を持ちながら飼い犬を残していくことができずに生き続けていた、あるクライエントに出会うまででした。彼女が深いつながりを持

つことができたのは、動物だけだったのです。私はその他にも、馬やその他の動物と深いつながりを持っている人たちに出会いました。そこで私は、このつながりの名称を、「他者とのつながり」から「他の存在とのつながり」へと変更したのです。

実践：他の存在とつながる
　その人が少なくとも1人の人、1匹の動物との深いつながりがあることを見出したり、それを築き上げるよう手助けしてください。

用例
クライエント：私はとても孤独です。
セラピスト：あなたには、深いつながりを感じられる相手が誰かいますか？　あるいは、かつてそのようにつながっていた誰かがいましたか？　もしその相手が今ここにいたら、あなたがそう言うのを聞いて、あなたに何と言うでしょうか？　どうするでしょうか？

クライエント：私は自分が感じていることが恥ずかしくてならないのです。
セラピスト：あなたが感じていることを、問題なく受け止めてくれそうな誰かがいますか？

　あなたのクライエントに、深いつながりを現在感じている、あるいは過去に感じていた相手がいたかどうかを尋ねてごらんなさい。彼らが苦悩したり心がつながっていないと感じている時、それらの人物や動物と実際に触れ合ってもらうこともあります。そうでない時は、その人間または動物が彼らのそばにいることをイメージさせると、よりうまくいったり、役に立ったりするかもしれません。

やってみよう！

クライエント：私は失敗者だと感じています。

セラピスト：

クライエント：今の私のありようをそのまま受け入れられる人は誰もいない
　　と思います。

セラピスト：

セオリー・ブレーク：
つながりによってスピリチュアリティに至る
７つの道

　人生の中でより大きな存在につながる道は７通りあると、私は考えます。これらの道のいくつかに関して興味深いところは、宗教的に見えないことです。多くの人々は、それがスピリチュアルだと思うことさえないでしょう。だから、宗教的なトラウマを経験した人や、スピリチュアリティは全て新時代運動の際物だと思っている人たちも、次に挙げるうちの一つあるいは複数の道になじめる可能性があります。

1．**身体とつながること**。これは、ダンス、セックス、運動、ヨガ、良いものを食べること、などによってもたらされます。まさにシュートしようと跳躍しているマイケル・ジョーダンや、その他の偉大な運動選手たちの活動を目の当たりにすることによって、体を通じてスピリチュアルであることが分ります。彼らは、通常の人間の能力を超えた、超越的とも言えることをしているように見えます。

2．**魂、より深い自己、スピリットとつながること**。ここには、合理的、論理的、さらに情緒的なものさえも超えた自己とつながりを持つことが含まれます。これはすべての道の中で最も深いレベルのものです。多くの人にとって、瞑想、日記、一人で過ごすこと、などがこのつながりを見出す助けとなるでしょう。

3. **他の存在とつながること。**これは、1対1の親密な関係のことです。マーチン・ブーバーは、これを我―汝関係と呼びました。この道は、必ずしも他の人間との関係を意味するとは限りません。動物とでもよいのです。例えばかつて私は、自殺を考えながらも、唯一飼い犬との絆によってのみこの世にとどまっていたクライエントに会ったことがあります。
4. **コミュニティとつながること。**この道は必然的に、グループと関係することにつながり、個人を超えたものがもたらされて、コミュニティや地球に貢献することになります。もしあなたが家族、親戚、地域、教会のグループ、職場などの一員であると感じたことがあるのなら、この道を通ってきたことになります。
5. **自然とつながること。**これは、自然の中で過ごしたり、自然に注目したりすることです。どれ程多くの人々が、自分はちっぽけでつながっていないと感じずに済むために、時折屋外で過ごすことを必要としているでしょうか？（「私は神を信じる、それは私にとって『自然』を意味する」とフランク・ロイド・ライトは言っています）。また人によっては、物理学に示されるような自然の法則を深く理解し真価を認めることで、自然とのつながりの感覚を体験することもあるでしょう。しかし私自身は人文科学専攻なので、自然とのつながりの多くを、山、森、湖から得るだろうと思います。

6．芸術に参加したり鑑賞することによってつながること。美術館で、絵の前にたたずみ、感動して涙を流している人を見たことがありますか？　あるいは音楽を聴いて元気づけられたり感動している人を見たことがありますか？　その人の好みにもよりますが、このつながりは文学、絵画、彫刻、演劇、映画、写真、ダンスなどを通じてもたらされるでしょう。多くの芸術家たちは、作品を作っているのは自分ではないと感じると証言しています。それは、彼らに訪れるもの、あるいは彼らを通じてもたらされるものなのだと。

7．宇宙、より高次元の力、神、宇宙意識とつながること。人生において私たち自身を超えるより大きな存在や知性が作用しているという感覚を、あなたが好む言葉に置き換えることができます。このつながりは例えば、祈り、瞑想、宗教への回心の中で起こりえます。私はかつて、カール・ユングに助けを求めてきた慢性アルコール中毒患者についての話を読んだことがあります。ユングは、「セラピーは助けにならないだろう。セラピーを通じて改善した人を私は知らない」と答えました。そこでこの男が、その情報は何の希望ももたらさないと伝えると、ユングは同意し、「状況を変えることができるのは、今まで見てきたものの中では、宗教への発心だけだ」と答えました。その男は、それもまたさほど大きな希望にはならないと言いました。どのようにして彼は、発心することになるのでしょうか？

　ユングは、「もし私だったら、教派にかかわらず、見つけ次第あらゆる伝道集会に参加するだろう」と言い、「そこで希望に出合えるだろう」と言ったのです。それは実際に効果がありました。このアドバイスは間接的に、AA（Alcoholics Anonymous; 断酒団体）の創設につながるものだったのです。

この章で取り上げた応用的方法の中では、人々がより大きく、インクルーシブセルフとつながることを助けるために、これらの道の位置づけを整理し、さらに多くの詳細な点を付け加えました。

3.4 グループやコミュニティとつながる

　その人が、自分と同一視し所属感を得られるグループや団体を見つけるのを助けてください。

　このつながりは先ほどのものと類似しています。このテクニックは、家族、友人、教会や地域のコミュニティ、インターネットコミュニティ、共に働く人々、というようなグループ（要するに、クライエントが深いつながりを感じるグループ）へとクライエントを方向づけます。このつながりはクライエントを、孤立したアイデンティティの感覚から救い上げるのです。

　さらにここでも、あなたは友人やクライエントがグループや組織とつながるための方法のリストを作っておくべきでしょう。

実践：グループやコミュニティとつながる

　その人が、家族、親戚、趣味のグループ、同僚たちとつながるための方法を見つけてください。

用例

クライエント：私はとても孤独です。
セラピスト：教会、ボランティアグループ、趣味のグループなど、参加しようと考えたことのあるグループはありますか？

クライエント：私は自分が感じていることが恥ずかしくてならないのです。
セラピスト：あなたの助けとなるような、性的虐待経験者のための支援グループがあります。

強い絆を感じるグループや組織があるかどうかをクライエントに尋ねてください。そしてクライエントとそのグループをつなげ、少なくともクライエントにグループとつながっている感じを持たせてください。それが問題を解決する助けとなるでしょう。

やってみよう！

クライエント：私は一日中これといって何もせず、麻薬タバコをやっています。生きていて面白いことは何もありません。

セラピスト：

クライエント：子どもを失うことがどういうことか、誰も理解できないと思います

セラピスト：

3.5　自然とつながる

　その人が、何かの形で自然環境や世界とつながりを感じたり、つながりを取り戻したりすることを助けてください。

　自然を眺めることが、仕事の能率を上げたり、欠勤や病気を減らすのを助けるという証拠があります。同様に、窓の外の自然を眺めることが、退屈を紛らわし、創造性を高め、手術後の経過を助けるという証拠もあります。しかし、近代的な生活の中では私たちは、窓のない建物の中でほとんどの時間を過ごし、自然と触れ合うこともありません。

　私の同僚であるジョージ・バーンズは、彼の著書「自然に導かれたセラピー」の中で、治療すべき問題の解決を自然が助けるという証拠とその方法論のすべてを詳しく述べています。彼は、問題をもつカップルに、自然を散策しながら問題を話し合うという設定を提案すると、より上手に会話できるようになることをしばしば見出しています。

実践：自然とつながる
　自然の中で過ごすという設定を提案してください。特に、その人がストレスを感じている時や問題の解決を試みようとしている時には効果的です。

用例
クライエント：私たちは毎晩のように言い争っています。
セラピスト：この次に言い争いが始まりそうになったら、郊外までちょっとドライブをして、森の中を散歩することをお勧めします。静けさの中をしばらく歩いてから、話し合いを始めてください。

クライエント：私は自分が感じていることが恥ずかしくてならないのです。
セラピスト：あなたが本当に心穏やかな安心感を得られる、自然に囲まれた場所はありませんか？

　あなたは、人々と自然をつなげる方法（クライエントが今までとってきた方法、もしくは新しく作り出された方法）を見つけることができるでしょうか？　もしかして彼らは、自然の世界とつながるために、散策をし、山を訪ね、海を旅し、庭の手入れをし、その他にも何かをしているかもしれません。

やってみよう！
クライエント：私は失敗者だと感じています。
セラピスト：

クライエント：今の私のありようをそのまま受け入れられる人は誰もいないと思います。
セラピスト：

3.6　芸術を通してつながる

芸術の創造や鑑賞を通じて、その人がつながりを感じたり、つながりを取り戻したりすることを、助けてください。

私はシンガーソングライターへのインタビューがたくさん載っている本を読んでいました。そして、いかに多くのソングライターが、曲が「自分を通して訪れた」経験を語っているか、ということに衝撃を受けました。彼らは、まるでほとんど自分自身を超えたところから指示されたようだった、と説明しています。最も優れた芸術は、この超越的な質を備えているように思われます。

この応用法では、何かの形で芸術を発見したり再発見したりするように助けることが必要です。つながりをもたらすような、芸術的・創造的活動をすでに始めている人たちもいます。読者、鑑賞者として芸術に関わることを好む人々もいます。自己を拡張してより大きな世界へつなげるような形で、その人を芸術へと引き寄せるものなら何でも、このアプローチに合っています。

実践：芸術を通してつながる

その人が以前行なっていた芸術活動を話すよう促し、それを再開するよう助けてください。それが、取り組んでいる問題に関連していれば、なおさらです。

用例

クライエント：誰も私を理解してくれません。
セラピスト：私があなたを理解する助けになるような、おあつらえ向きの歌がありませんか？
クライエント：私は自分が感じていることが恥ず

かしくてならないのです。
セラピスト：あなたは、絵を描いている時は本当に創造的でつながっている感じがするとおっしゃいましたね。その恥ずかしさについて、絵を描いてくれませんか？

　あなたの知人たちの代表的な芸術活動をリストアップしてください。そのリストの中やそれ以外に、クライエントの好きな芸術活動があるかどうかを見つけてください。治療する問題に関連して、芸術とつながる道を見つけてください。

やってみよう！
クライエント：私は失敗者だと感じます。
セラピスト：

クライエント：私はいつも、家を出た後で、コンロの火を消したかどうかをチェックするために戻ります。すでにチェックしているというのに、それでも３回か４回戻ることもあるのです。
セラピスト：

3.7　神、宇宙、より高次元の力などの超越的存在とつながる

　その人が、自分自身や人類やこの世界を超越する存在や力につながりを持ち、つながりを取り戻すよう助けてください。

　多くの宗教は、人々が何らかの至上の存在または超越的な実在（一般に神と呼ばれます）とつながることを助ける伝統と物語とシンボルを有しています。私はいつも、この基本要素を、過去、現在、未来という3つの方向に探し求めていきます。

　過去
「今まで、宗教的な信条を持ったり実践をしたことはありますか？」
「それらの信条や実践は、あなたにとってどのように助けになりましたか？」

　現在
「このような状況で助けになるスピリチュアルな象徴や活動がありますか？」
「もし、いま願いごとを書くとしたら、どのようなことでしょう？」

　未来
「将来携わってみたいスピリチュアルな活動があれば、それはどのようなものでしょう？」
「あなたのスピリチュアルな生活の領域で、発展させたいものがありますか？」
「あなたがモデルにしたいと思うスピリチュアルな象徴がありますか？どのようにモデルにしたいですか？」

実践：神、宇宙、より高次元の力などの超越的存在とつながる

クライエントが、人類を超えた大いなるものとのつながりを感じられる場所を見つけてください。そして、そのより大きな感覚が、問題の解決につながるように利用できるかどうかを見極めてください。

用例

クライエント：私は死ぬのが怖いのです。
セラピスト：あなたは、人類を超えた力が存在すると感じていますか？　かつてそう感じたことはありますか？　もしそうなら、いま死と向かい合うあなたにとって、それが助けとなりえるのではないでしょうか？

クライエント：私は何のために生きているのか分らないのです。
セラピスト：私たちはこの惑星上にランダムに投げ出されたDNAのボールだと思いますか？　それとも、何かの目的のためにここにいると思いますか？

もしクライエントがすでに宗教上もしくはスピリチュアルな信念を育て上げているのなら、人生のそうした側面をあなたがたやすく利用できることは明らかです。もしそうでなければ、もっと漠然としたところから始めてください。神といった言葉を使う前に、人々を超えた力、より高次元の力、導いてくれる知性などといった言葉やフレーズを使うのです。神について語ると不快になる人もいるかもしれませんから。

やってみよう！

クライエント：私は失敗者だと感じます。
セラピスト：

クライエント：私は、人生の中で何をすべきか確信が持てないのです。
セラピスト：

あなたの敵を憎むだけでは不十分だ。
いかにしてお互いを
より深い達成へといざなうかを
理解するべきである。
──ドン・デリーロ

第4章

頑固者：包括性（インクルージョン）を内的・外的葛藤を扱うために利用する

　以前、人種問題のワークショップに参加したことがあります。そこで司会者は、参加者をグループ分けしました。一つのグループは一本の線の片側に、他方のグループは別の側になりました。私のグループは、もう一方のグループが不快な、いやな雰囲気を持っていると思うように、とひそかに指示されました。例えば、「狡猾」「愚か」「怠惰」「野卑」「邪悪な」「酔っ払い」「犯罪者」「薬物依存」などです。もう一つのグループも、私のグループに対して同じように見るように教示されていました。それから私たちは交流するように指示されました。ご想像に難くないと思いますが、そこには葛藤と誤解がありました。私たちは、概して「自分たちの」グループに群れ集まり、「自分たちの」グループ内での交流を好むことに気づきました。私たちは、「向こうの人たち」全員を概して何となく否定的に見始めていました。私たちは、「向こうの人たち」を避けるか、「彼ら」に対してある程度の疎ましさや敵意を感じるかでした。これはエクササイズに過ぎず、グループはランダムに作られたに過ぎないのですが、私たちは操作的に作られた「自分たちの」グループのメンバーに、より親しみを見出したのでした。

人種問題の鍵の一つは、他の誰かを「他者」(個人あるいはその属するグループから本質的に分離して離れている)と見なすことです。もう一つの鍵は、「他者」に否定的な特性を帰属させることです。第三の要素は、一般化です。私たちは、全てを見るか、あるいは全く見ないか、という傾向があります。個人を見るというよりもむしろ、ステレオタイプな見方をします。人種問題では、私たちはグレーの様々な色合いを見失い、黒と白だけを見ています（時にはもちろん、文字通りの意味でもあります）。

他者を否定的に捉えると、私たちは二つの典型的な反応のうちの一つをします。

・引きこもるか、回避する。
・相手を除去するか、絶滅させる。

最初の反応では、自分の心の中の内的環境を汚れのない状態にします（３Ｄモデルのところで考察した、抑制または麻痺の概念を思い出してください）。第二の反応では、受け入れがたいとか、不正とか邪悪だとか思われる事柄を外界に投影し、外的環境の中の汚れを取り除き始めます。

私はペトラとサムというカップルからの電話相談を受けたことがあります。二人は大きな葛藤を抱えていました。彼らはなぐり合い寸前まで言い争いました。それは、毎度のことでした。私の友人であるワレンは、二人に結婚セラピーを行なったのですが、普通ならば大きな効果のあるそのセラピーでも、彼らは手に負えなかったのでした。彼は、私が二人を破局から救えるかどうかをみるために、私の電話コンサルテーションを受けるよう提案しました。ペトラとサムは、お互いに大きな不信の念を抱いていました。一人

が何かをすると、ただちにもう一人がそれを悪意による行動だと責めたてて、互いの非難合戦へと発展し、結果的に怒りがより激しくなってしまうのでした。彼らは互いに相手に怒りを感じているのに、それでもなぜか別れられないのでした。

　私は多少はペトラとサムを助けることができました。相手の真意への疑いがお互いに減り始め、それほど頻繁に怒りを挑発し合わなくなりました。数カ月の間に何回か行なったコンサルテーションの過程によって、ペトラとサムはあまり言い争わなくなり、お互いに（怒りではなく）より中立な感情を持つようになりました。そして長年の葛藤のいくつかを解決することができたのです。でも、過去を中立の状態にはできませんでした。ペトラとサムは一緒にやっていくことを決めましたが、互いの間に愛情や好意はあまりありませんでした。私からの支援はそれで全てだということで互いに合意し、コンサルテーションを終えました。

　およそ６カ月後、このカップルは私に連絡してきました。自分たちはいまや深く結ばれ、愛し合っていると述べ、私の支援が大変貴重であったと感謝していました。私は、何がそれほどのドラマチックな変化を引き起こしたのか、興味を引かれました。彼らは地元でハーヴィル・ヘンドリックスのセミナーに参加し、大変価値のある洞察を得たと言いました。

　その洞察は、次のようなものでした。

　「もしパートナーのした何かがあなたを混乱させたなら、その行為は、あなた自身の未完成あるいは統一されていない側面に近づくための手がかりなのです」

統一されていない側面は、未解決の問題かもしれないし、両親のどちらかに関連した古いトラウマかもしれないし、あるいはあなたの中にあなた自身が受け入れていない部分があるというメッセージかもしれません。いずれにしても、混乱したり反応したりするのではなく、その混乱を個人的作業に従事するための手がかりとして用いてカップルを助ける方法をヘンドリックスは知っていました。彼は、相手が挑発してきた時には優しくして思いやりを持つように、とカップルたちを誘導しました。ペトラとサムはただちに、これが自分たちにとって真実だと気づき、心に刻んだのでした。ヘンドリックスのセミナー以来、2人は混乱するとお互いに優しくするようにしてきたのです。混乱するたびにお互いに感謝さえしました。なぜなら、パートナーが自分の未解決の問題を解決する機会を与えてくれているからなのです。これが、深い親密さと愛情へと導いてくれたのでした。

さて、世界中のカップルに貢献しているヘンドリックスに対して非礼をはたらきたくはないのですが、このカップルをこれほど感動させた考えは唯一無二の真実というわけではないと、私は思います。それは、単に仮説に過ぎないのです。そして特定のカップルから見て真実だとしても、それが全てのカップルにとって例外なく真実であるとか、すべての混乱するような事態にあてはまるということではありません。ただしペトラとサムには、好ましい効果がありました。お互いに思いやりを持つことは、特に怒りと無慈悲につながりそうな最も抜き差しならない瞬間に助けとなったのでした。

この章では、自分や他者に対する態度を和らげるための、インクルーシブな応用的手法を提示します。これらのテクニックは、「よくない」ものとして否定的に区分されてきた自分や他者の側面を受け入れ、思いやりをもつように助けるものです。

4.1 自己への思いやりを引き出す

その人が優しくなり、自分自身に対してより受容的になり、あまり批判的ではなくなる方法を見つけてください。

人は、自己批判的になったり、自分を過酷に扱うことがあります。私たちがセラピストとしてできることの一つは、その人が自分自身に優しくなり、より自己批判的でなく自己受容的になるように助けることです。

実践：自分への思いやりを引き出す

思いやりを持つことが、全てのクライエントにとって有効であるという私の考えには、いくつかの背景と方法があります。クライエントが自分に優しくなれるように、これらの背景と考え方をうまく利用する方法を見つけてください。例えば、そのときまでは理解できなかったり、共感できなかった誰かに共感した時のことを、思い出せるかもしれません。あるいは、それと知らずに間違ったことをしてしまった子どもに許容的だったときのことを思い出せるかもしれません。

用例

クライエント：私は愚かです。ずっと混乱しっぱなしです。

セラピスト：あなたは、「私は自分に辛抱強くあるべきだ。神はまだ私を仕上げていないのか？」という言い習わしを聞いたことがありますか？
　神はまだあなたを仕上げていないようですよ。あなたには、まだ学ぶことがあります。失敗することは、学ぶことの一部なのです。

クライエント：私は自分が嫌いなのです。
セラピスト：あなたをいつも愛し、親切にしてくれたというあなたのおばあさんがもしここに居たら、あなたをどう思うでしょう？

　私は、自分を愛してくれている人（友人や家族）からあなたはどんな風に見られているだろうかと、よく尋ねます。または、自分を愛してくれている人が、あなたが自分自身に対してそれほど酷評していることと同じことをしたら、その人をどう思うだろうか、と尋ねます。もしあなたが、自分自身についてあまりにも受け入れがたいことを考えていると友人が知ったら、その友人は何と言うでしょうか？　もしくは、最愛の友人や子どもが自分自身についてそのようなことを考えたら、あなたは友人や子どもに何と言うでしょうか？

やってみよう！
クライエント：ものすごく太ってしまったので、鏡に映った自分の体を見るのもいやなんですよ。
セラピスト：

クライエント：セックスしようとすると、腰から下の感覚がなくなってしまうんです。
セラピスト：

4.2　他者への思いやりを引き出す

　その人が他者に優しくなり、批判的でなく受容的になるよう、助ける方法を見つけてください。

　他者に感情移入したり、少なくとも相手をあまり責めない方法が見つかったりすると、怒りや葛藤が少なくなることがあります。それはまた、自分自身や自分の体験を、批判的でなく受容的に見られるようになる方法ももたらすかもしれません。

　アン・マキャフリーは提言しています。

「思いやりなしで、判断をしてはいけない」

　私たちはみな、間違いをおかしたことがあるし、それほど賢く上手にふるまってきたわけではありません。

　私は、長年お互いを出版物や会議の発表論文でのみ知っていた2人の著名な社会科学者がある日出会った時の話を聞いたことがあります。彼らは優れた知識人でした。2人は会議場の外で出会い、セッションの合間の休憩のとき一緒に座りました。後で誰かが、何を話したのかと尋ねたところ、その著名な社会科学者の一人はこう答えました。

「我々が学習し観察した全てのものから言って、時に人類はお互いを犬よりもひどく扱うということで合意しました。また、我々みんながお互いに今よりほんの少し思いやりを持てたらいいのに、ということでも合意しました」

それを聞いた人は、優れた知性たちがそのような簡素な意見で一致を見たことに大変驚いたのですが、私にはそれがとても深遠なことに思われました。

思いやりは、許容とは違います。また、有害あるいは不正な行為を大目に見ることを意味するのでもありません。私は、他者にある程度優しく振る舞うことや、私たちすべての人間性への認識のことを言っているのです。

実践：他者への思いやりを引き出す
　他者への評価を自然に和らげるコンテクストや考え方を、うまく見出してください。

用例
クライエント：なぜ、彼はそんなに無責任なのでしょう？　彼はなかなか勘定を払わないので、私が尻拭いをすることになるのです。
セラピスト：私は、あなたのやり方だとますます彼を窮地に追い込んでしまうのではないかと思います。もう少し彼の欠点を責め立てずに、あなた方お二人が協力して請求書の支払い問題を解決できるような方法はあるでしょうか？

クライエント：彼女は不安なのです。だからといって、なぜ私が新聞を読みたい時に愚痴を聞かされなきゃいけないんでしょうか？
セラピスト：彼女はたくさんの困難を抱えているので、あなたに新聞を読む時間をほんの少し割いてもらって、冷静になるための最初の手助けをしてほしいのでしょう。もしそうしてあげたら、あなたがぼんやりしたり何かを読んだりしたいのだということを、彼女は今よりも理解してくれるのではないでしょうか。

ここに、思いやりについてよく考えるために検討すべき問題と具体的な問いがあります。

「あなたの生活は、思いやりの雰囲気をたたえているでしょうか？ それとも批判的で過酷でしょうか？」

「あなたは、生活の中で思いやりのある親切な雰囲気を作り出し、また高めるために、どんなことができるでしょう？」

「この人が自分の子どもまたは親友だったら、彼らをどんな風に見て、関わるでしょうか？」

「あなたが知っている人の中で、最も穏やかで思いやりのある賢明な人物のことを考えてください。その人物なら、この状況をどう見て、どう対処するでしょうか？」

「あなたが誰かに対して、初めは批判的だったのに、次第に態度を和らげて思いやりを持つようになったときのことを思い出してください。その変化をあなたはどう作り出したのですか？ その後、何が変わりましたか？ そのうちのどれかを、現在の状況に応用できるでしょうか？」

やってみよう！
クライエント：彼女は太りすぎていて、私はもはや彼女に性的魅力を感じないのです。
セラピスト：

クライエント：彼は自分の母親と向かい合うことを拒絶しています。彼女が周りの人の非難ばかりしているのに、彼はやりたい放題にさせておくんです。
セラピスト：

気圧、気温、音量、湿度などの諸要素が
最も厳密にコントロールされた条件下では、
生物体はそれを喜ぶよりも呪うだろう。
　　　　　　　──ハーバードの法則

第5章

インクルーシブセラピスト、いや失礼、私のカルマ（業）があなたのドグマ（教義）を轢いてしまったのです。

　ここまで来て、本当におもしろくなってきました。このインクルーシブな題材は、クライエントのためだけのものではありません。これらのアイディアを真摯に受け止めるなら、セラピストの融通のなさ、大切な信念、お気に入りの手法に挑戦することになるでしょう。

　私は家族療法やシステム論的セラピストとしての教育を、その展開の初期の福音的期間（1970年代中ごろ）に受けたので、薬物治療、診断基準、精神力動的心理療法を悪の帝国と見なしていました。しかし時が経つにつれ、私がセラピストとして提供できる最高のものよりもずっと多くの恩恵を、薬物療法から受けている人がいるということを知ったのです。その結果、私は柔軟になりました。そう、薬物は頻繁に使われすぎているかもしれませんが、時にはとても助けになります。私はまた、「悪の」精神力動的心理療法家の何人かと長年の友人になり、彼らが、私にはできない方法で人々を助ける、思いやりのある聡明で善意の人々だと知りました。私のクライエントの何人かは、診断を受けたことで安心感を得たと言い、その経験に関心を向けました。私は全面対決をあきらめざるをえませんでした。それはまた、一種の保

険としても有用であることに、私は気づきました。

　かつて私は、英国の人類学者・生物学者グレゴリー・ベイトソンに、リチャード・バンドラーとジョン・グリンダーの「人間は本来、視覚的、聴覚的、触運動感覚的のいずれかである」という見解（私はその頃、その考えにほれ込んでいました）をどう思うか、と尋ねたことがあります。グレゴリーは、最初その考えに大変感銘を受けたけれども、やがてそれが柔軟さに欠けると思うようになった、と言いました。「全ての類型論は」とグレゴリーは英国調アクセントで抑揚をつけて言いました。「それに縛られすぎると、病理になる」と。ミラノ派は、よくこう言ったものです。

「あなたの仮説と結婚してはいけない」

　私は、セラピストは仮説とデートする時でも注意深いほうがよいと思っています。なぜなら私たちは、仮説にすぐに愛着を持ってしまうからです。

　私たちはクライエントや患者に、確実そうに聞こえる口調で伝えます。

　「あなたの抑うつは生化学的なものなので、あなたはこれからずっと薬物療法を続ける必要があります」
　「あなたの問題は、あなたの実家と関係していることなのです」
　「この問題がこうなるまでには長い時間がかかっており、解決にも長い時間がかかるでしょう」

これらは助けになりえるアイディアにすぎず、相手や状況によっては助けになるとは限らないということを、忘れてはならないでしょう。

　心理学者であり家族療法家であるアラン・グールマンは、かつてこう言いました。

「私たちはまず、理論ではなくクライエントに忠実であるべきだ」

　私が「理論への逆転移」と呼ぶものに気をつけてください。それは、気づかないうちに自分の理論をクライエントに投影し、クライエントがあなたの考え通りになり始めるプロセスのことです。

　私は今も理論、方法論、観念を大切だと思っていますが、それと同時に、セラピーやクライエントや人生の複雑な現実を進んで認識し包含することをいとわない姿勢で、それらを吟味しつづけているのです。

　エミーユ・シャルティエからの次の引用が、ポイントをついています。

「観念があなたの持っているたった一つのものになったときほど、危険なことはない」

　あなたがインクルーシブセラピストなら、取り組んでいる相手にとって何が本当に助けになり効果があるのかに気づくために、大切にしている信念や信条を手放さなければならないかもしれません。

重要なことは、
問いつづけるのを止めないことだ。
──アルバート・アインシュタイン

第6章

別の可能性：結語

　私は良心から、あなたに一つの警告を送らずにはいられません。この本を読み終えるいまだからこそ、あなたはその言葉を理解し、価値を認めるでしょう。

　「この本で伝えたことはどれも、たった一つの誤りのない真実というわけではないのです」

　つまり、ここで提示したものは、私が有効だと思う一連のアイディアとテクニックにすぎないということです。

　人間という存在は、理論や方法論や言葉よりもはるかに複雑です。28年以上セラピストをやってきて、変化のプロセスについていかに自分が何も知らないかに気づくたびに、私は謙虚な気持ちになります。そして、苦痛を経験し、人生や愛する人々のことで悩み、援助を求める人たちに役立つために、私たちがいかに柔軟に意欲的に学ばなければならないか、ということを考える時も、謙虚な気持ちになります。

だから忘れないでください。

「あなたがインクルーシブでないとき以外は、インクルーシブであってください」
「柔軟であることが役に立たない時以外は、柔軟であってください」

　この本でお伝えしたことは、軽くそっと受け止められた時だけ価値があると、私は思います。

監訳者あとがき

　著者のオハンロンさんは、人の可能性を拓くコミュニケーション方法として、すでに「可能性療法（誠信書房）」を提示し、世界のあちこちで大きな反響を呼んでいます。本書はその発展として新たに提唱された、インクルーシブセラピーを紹介したものです。彼は、人の肯定面だけでなく、苦しみ、痛みといったネガティヴな面にも関心を向け、セラピストがそれらの両面を認め、包含して返すというコミュニケーションスタイルを開発しました。この基礎は彼の師である、偉大なセラピスト、ミルトン・エリクソンのコミュニケーションのしかたにあります。

　このインクルーシブセラピーはまた、東洋の考え方、特に禅や陰陽の考えと合い通じるところがあります。そして、本書の後半には、個人を越えて人は他者、コミュニティ、自然、宇宙とのつながりの中で生きているというスピリチュアリティの考え方と、そのつながっているという感覚をもたらすためのコミュニケーションスキルも提示されています。

　彼はインクルーシブセラピーの対象として、境界例、分離や心的外傷後ストレスの問題で悩んでいる人たちをあげ、かれらにこのコミュニケーションスタイルが特に有効であると述べています。本書を読み進めますと、彼の人に対する優しさと慈悲のこころがよくわかると思います。

　筆者も90年代後半から東洋的な考えに関心を抱き、学んではきましたが、その考えをいかに実際の臨床で生かすかについては暗中模索の状況にいました。その中で、オハンロンさんの可能性療法のワークショップやこの原書と出会い、インクルーシブな考え方とその実践的なコミュニケーション方法にとても感心しました。大学の演習で原書を使い、読んでいたところ、学生相談において、ブリーフセラピーを実践している九州工業大学の菊池梯一郎さんから、すでに読んでいてとてもおもしろいので、本書を訳出したいという相談をもちかけられました。そこで、訳出にあたり、もうおひとり、東京で熱意をもってブリーフセラピーの研究と臨床に取り組んでいる日本女子大学の青木みのりさんにも訳者として入っていただき、ここに出版の運びとなりました。ただ、この間、私の監訳の作業が遅れたために、出版までにずいぶん時間がかかりました。終始、暖かいご支援をいただいた、二瓶社の吉田三郎社長さんにこころより感謝申し上げます。

　　　盛夏を迎えて

　　　　　　　　　　　　　　　　　　　　　　　　　　　　　　　宮田敬一

[著者紹介]

　ビル・オハンロンさんは、著作の出版だけでなく、世界中でワークショップを行なっています。しかし、彼は、妻や息子と一緒に時を過ごしたり、多くの楽曲の演奏をしたり、本を読んだり、映画を鑑賞したりすることの方が好きです。これは彼の20冊目の本です（彼が次を書かないうちに止めさせます）。彼を最も有名にしているのは、かつてオプラ・ウィンフリー（Oprah Winfrey）のトークショー番組に彼が出演したことがあることと、クリント・ブラック（Clint Black）が彼の著作の一つに刺激をうけて、カントリーソングの作曲をしたことです。

　メールアドレス；PossiBill@aol.com
　ウエブサイト；www.brieftherapy.com

［監訳者］

宮田敬一　みやた けいいち

1977年　九州大学大学院博士課程退学
現　在　大阪大学大学院人間科学研究科教授
主な編著書
『ブリーフセラピー入門』（金剛出版）、『児童虐待へのブリーフセラピー』（金剛出版）、『軽度発達障害へのブリーフセラピー』（金剛出版）
主な訳・監訳書
『可能性療法』（誠信書房）、『アンコモンセラピー』（二瓶社）、『親と教師のためのＡＤ／ＨＤの手引き』（二瓶社）

［訳　者］

菊池悌一郎　きくち ていいちろう　（序章、1章、2章）

2003年　九州大学大学院人間環境学府博士後期課程単位取得退学
現　在　九州工業大学保健センター講師、臨床心理士
著書
『軽度発達障害へのブリーフセラピー』（金剛出版）共著

青木みのり　あおき みのり　（3章、4章、5章、6章）

1997年　お茶の水女子大学大学院博士課程退学
現　在　日本女子大学人間社会学部准教授
主な著書
『精神保健福祉士養成セミナー 第14巻　心理学』（へるす出版）、『マクロカウンセリング実践シリーズ4・つなぎ育てるカウンセリング』（川島書店）
主な論文
「二重拘束的コミュニケーションが情報処理および情動に与える影響」（教育心理学研究41巻）、「青年期における対人感情と他者概念との関連」（社会心理学研究10巻）、「ブリーフセラピーのコンサルテーションに関する考察」（日本女子大学紀要人間社会学部17巻）

インクルーシブセラピー
敬意に満ちた態度でクライエントの抵抗を解消する26の方法

	2007年10月20日　第1版　第1刷
著　者	ビル・オハンロン
監訳者	宮田敬一
発行者	吉田三郎
発行所	㈲二瓶社
	〒558-0023　大阪市住吉区山之内2－7－1 TEL 06-6693-4177　FAX 06-6693-4176
印刷所	亜細亜印刷株式会社

ISBN 978-4-86108-043-2 C3011

装幀・森本良成